CODE MUNICIPAL

OU EXTRAIT

DU REGISTRE DES ACTES ET ARRÊTÉS

DE

LA MAIRIE DE BORDEAUX

AVEC

La Législation, la Jurisprudence et la Doctrine des Auteurs

SUR LES MATIÈRES MUNICIPALES.

PAR

L. BOUÏRE BEAUVALLON,

Avocat à la Cour d'appel, Juge suppléant
au Tribunal civil de Bordeaux

BORDEAUX,

TYP. DE SUWERINCK, IMPRIMEUR DE LA CHAMBRE DE COMMERCE,
Rue Sainte-Catherine, bazar Bordelais

—

1850

F

CODE MUNICIPAL

OU EXTRAIT

DU REGISTRE DES ACTES ET ARRÊTÉS

DE

LA MAIRIE DE BORDEAUX,

AVEC

La Législation, la Jurisprudence et la Doctrine des Auteurs

SUR LES MATIÈRES MUNICIPALES.

PAR

L. BOUÏRE BEAUVALLON,

Avocat à la Cour d'appel, Juge suppléant
au Tribunal civil de Bordeaux.

BORDEAUX,

TYP. DE SUWERINCK, IMPRIMEUR DE LA CHAMBRE DE COMMERCE,
Rue Sainte-Catherine, bazar Bordelais

—

1850

C.

OFFERT

A MONSIEUR GAUTIER,

Chevalier de la Légion-d'Honneur,

Maire de la Ville de Bordeaux,

———

Le Pouvoir Municipal est en contact immédiat avec tous les citoyens : présent partout, il agit continuellement sur tous; toujours le mieux, et souvent le seul connu des classes inférieures de la société, comme elles ne voient que lui, c'est par lui qu'elles jugent les autres pouvoirs; elles aiment et bénissent le Gouvernement, si l'Administration Municipale, constamment tutélaire, ne se montre jamais que sous des formes douces et paternelles.

(HENRION DE PENSEY).

Les lois de police et de sûreté obligent tous ceux qui habitent le territoire.

(*Code Civil*, Art. 3).

═══

CODE MUNICIPAL

ou

EXTRAIT DU REGISTRE DES ACTES ET ARRÊTÉS

DE LA MAIRIE DE BORDEAUX.

———————◈———————

Les lois et règlements de police que le Maire est directement chargé de faire exécuter, sont très nombreux : quelques-uns remontent à des époques éloignées, et ne sont pas appliqués journellement, quoiqu'ils soient conservés par différentes lois, et notamment par l'art. 484 du C. Pén. (Avis du conseil d'État, du 8 février 1812. Bull. 421, n. 7688, p. 161).

D'autres ne reçoivent d'application que dans des circonstances rares.

Malgré la présomption que nul n'est censé ignorer la loi, la plupart des administrés pourraient pécher par ignorance, si on n'avait pas le soin de la remettre souvent sous leurs yeux.

En effet, les matières qui sont du ressort de l'autorité municipale, et sur lesquelles le Maire peut seul faire des arrêtés, sont dispersées dans diverses lois. De là, le droit attribué à ce magistrat de publier de nouveau les lois et règlements de police, ou de rappeler à leur observation.

On a pensé qu'en présentant une analyse de toutes les dispositions des arrêtés déjà pris en matière de police et de voirie municipales, on aurait l'avantage de les faire connaître plus facilement aux administrés, si, pour les leur rendre intelligibles, on réunissait à ce travail l'indication des lois qui ont été la base des arrêtés ou règlements, la doctrine des auteurs, et les différentes décisions intervenues en ces matières.

Néanmoins, quelques-uns de ces arrêtés, basés sur des circonstances particulières, n'ont qu'une application momentanée, et quelquefois individuelle. Nous ne nous occuperons pas de ceux-là.

D'autres, disposant d'une manière générale, constituent des règlements permanents. Nous analyserons seulement ces derniers, qui, à cause de leur importance, ne sont exécutoires qu'un mois après la remise de l'ampliation constatée par le récépissé du Préfet.

Des Fonctions Municipales.

D'après les art. 9 et 10 de la loi du 18 juillet 1837, le Maire exerce deux ordres de fonctions qui se rapportent à la double situation de la commune dans l'État. Il est à la fois le *délégué* du gouvernement et *l'administrateur* de la commune. En cette dernière qualité, il exerce un pouvoir qui lui est *propre*. Dans ce cas, il n'est soumis qu'à une simple surveillance de l'administration supérieure.

Cette distinction entre les *fonctions déléguées* et le *pouvoir propre* de l'administration municipale a été admise, pour la première fois, par la loi du 14 décembre 1789. Elle a dicté les dispositions de la loi du 21 mars 1831, qui fait intervenir à la fois le choix du gouvernement et l'élection communale dans la nomination des Maires.

Il résulte de cette distinction, consacrée par la loi de

1837, que l'autorité supérieure n'a pas le droit de suppléer l'autorité locale, quand celle-ci exerce un pouvoir qui lui est propre ; que, dans ce cas, le Préfet ne peut pas agir à la place du Maire, et que, si l'art. 15 de la loi de juillet 1837 lui donne ce droit, il faut bien remarquer que cet article ne s'applique qu'aux actes de l'autorité déléguée, et non à ceux de l'autorité municipale proprement dite.

L'autorité du Maire se manifeste par des arrêtés.

La loi des 19-22 juillet 1791 attribuait le droit de prendre des arrêtés aux corps municipaux ; mais l'art. 11 de la loi du 18 juillet 1837 l'a fait passer dans la personne du Maire, comme l'avait déjà fait d'ailleurs celle du 28 pluviôse an VIII, art. 13.

Les arrêtés ne peuvent être pris que dans une juste application du pouvoir municipal. Pour reconnaître si le Maire a méconnu ou outrepassé ce pouvoir, il suffit de consulter la loi sur laquelle il est fondé, c'est-à-dire les art. 3, 4 du titre 11 de la loi des 16 et 24 août 1790, l'art. 9 du tit. 2 de la loi du 28 septembre-6 octobre 1791, qui indiquent les objets de police confiés à la vigilance et à l'autorité des Maires, et sur lesquels ils ont le droit de faire des règlements, aux termes de l'art. 46 du titre 1er de la loi du 19 juillet 1791. On peut encore consulter, pour connaître avec plus de détails les matières sur lesquelles s'exerce le pouvoir de la police municipale, le Code Pénal, art. 471 et suiv., les lois des 11 août 1789, art. 10 ; 14 décembre 1789, art. 50 ; 22 juillet 1791 ; le Code rural du 28 septembre 1791 ; la loi du 26 ventôse an IV, art. 4, et surtout le décret du 12 messidor an VIII qui résume toutes les matières mises dans les attributions du Préfet de police de la Seine ; la section 3 de ce décret contient, sous le titre de *Police Municipale*, presque toutes les règles applicables dans les grandes communes.

Quant aux art. 9, 10, 11 et 17 de la loi du 18 juillet 1837, ils se réfèrent aux développements donnés par les anciennes lois sur les objets confiés à la vigilance de l'autorité municipale.

Les arrêtés ne sont obligatoires que tout autant qu'ils sont légaux. S'ils sont pris en dehors de la loi, ils sont sans effet (S. 16. 1. 24 ; — 15. 1. 197 ; — 19. 1. 388 ; — 20. 1. 404 ; —25, 1, 234 ; —26. 1. 81 ; —30. 1. 159 ; — 33. 1. 318 ; — 38. 1. 319 ; — 39. 1. 709). Et ce principe, consacré par une foule d'autres décisions, est vrai en ce qui touche la compétence aussi bien qu'en ce qui touche la pénalité elle-même. (S. 9. 1. 430 ; — 19. 1. 310).

Quand un règlement de police contient des dispositions illégales mêlées à des dispositions légales, il faut, les distinguant, n'accorder force obligatoire qu'à ces dernières. (S. 38. 1. 139).

En règle générale, les anciens arrêtés ou règlements de police ne doivent recevoir aujourd'hui leur exécution que lorsqu'ils statuent sur des objets qui n'ont pas été réglés, soit par le Code Pénal, soit par des lois postérieures, soit par des arrêtés pris depuis cette époque dans l'exercice légal des fonctions municipales. (Cass. 2 juin 1825).

Chaque citoyen a le droit d'attaquer l'arrêté du Maire. (Loi du 14 décembre 1789, art. 60).

L'arrêté peut être attaqué devant l'autorité même de laquelle il émane, ou devant le Préfet.

Le Maire ne peut procéder que par voie de règlement général ; il ne lui est pas permis de dispenser momentanément certains individus, par des actes particuliers, de l'observation de ces arrêtés. (Cass. 1ᵉʳ juillet 1830 ; — 20 juin 1832).

Pour savoir à partir de quel jour un arrêté est exécutoire, il faut rechercher quelle est sa nature : si l'arrêté ne contient que des dispositions temporaires, spéciales et pour des cas fortuits, il est obligatoire dès l'instant même où il est publié dans la forme usitée (Art. 11, loi du 18 juillet 1837 ; —Cass. 29 novembre 1838). Si au contraire l'arrêté porte règlement permanent, il n'est exécutoire qu'un mois après sa remise au Préfet (*Id.*; — Cass. 7 juillet 1838), à moins toutefois qu'il ne se réfère aux dispositions d'une loi, d'une ordonnance, ou d'un arrêté antérieur (Cass. 20 juillet 1838). On doit encore remarquer que, de ce que le délai d'un mois a été établi par la loi de 1837, pour donner au Préfet le temps d'examiner l'utilité ou la légalité du règlement municipal, il ne faut pas conclure que l'expiration du délai fasse cesser le droit d'annulation qui appartient toujours à l'autorité administrative supérieure, ainsi que le reconnaît cette loi, art. 11.

Les Préfets sont investis du droit de faire des règlements de police obligatoires dans l'intérêt général du département. Le pouvoir réglementaire attribué aux Maires ne fait nul obstacle à celui des Préfets (S. 19. 1. 382 ; — 25. 1. 93 ; — 35. 1. 736 ; — 45. 1. 852. — Merlin, vᵒ. *tribunal de police*, §. 4. — Foucard, t. 1, nᵒ 103).

Il ne devrait pas en être de même des règlements de police n'intéressant qu'une seule commune.

La force obligatoire des règlements de police survit aux circonstances qui les ont fait prendre, par cela seul qu'ils continuent d'intéresser la salubrité publique.

Un règlement municipal n'a pas besoin, pour être obligatoire, de déterminer la peine qui devra être infligée aux contrevenants; c'est la loi elle-même qui doit être consultée, et qui en général fixe la peine encourue.

L'article 5 de la loi du 16 août 1790, combiné avec les art. 606, 607 du Code de brumaire an IV, et l'art. 2 de la loi du 23 thermidor de la même année, sont les dispositions à appliquer à cette matière, à moins qu'il n'existe, dans la législation postérieure, des dispositions qui en aient autrement décidé, telles que celles des art. 471-475 du Code Pénal.

L'annulation d'un arrêté administratif ou de police par l'autorité supérieure compétente, entraîne la nullité des actes d'exécution faits antérieurement en vertu de cet arrêté, lorsque l'annulation est fondée sur l'illégalité de l'arrêté lui-même, comme pris hors du cercle des attributions de l'autorité dont il émane. (S. 36. 1. 371).

L'expédition d'un arrêté municipal fait foi en justice jusqu'à inscription de faux : les juges ne peuvent exiger l'apport de l'original de cet arrêté. (S. 40. 1. 548).

La possession, même immémoriale, ne peut prévaloir contre des règlements de police établis dans un intérêt d'ordre public, si la peine ou les dommages-intérêts résultant de l'infraction de ces règlements sont prescriptibles. Il n'en saurait résulter le droit de renouveler les faits qui constituent l'infraction. (S. 37. 1. 245).

Un tribunal de police ne peut suspendre l'exécution d'un arrêté de l'autorité municipale, rendu dans le cercle des attributions de cette autorité, sous prétexte que les contrevenants annoncent leur intention de se pourvoir devant l'autorité supérieure pour le faire réformer. (Cass. 18 avril 1828).

En principe, les tribunaux ne peuvent jamais mettre

leur volonté à la place de la loi, et en conséquence, ils doivent appliquer les règlements pris par l'autorité municipale, dans les limites de ses attributions, tels qu'ils sont, sans pouvoir entrer dans l'examen du principe qui en a dirigé l'établissement, sans pouvoir discuter l'opportunité des mesures, ni introduire des exceptions qu'ils n'ont pas prévues ou qui ne sont pas admises par la loi. (Cass. 24 décembre 1823; — 17 juin 1830).

Ils doivent appliquer les règlements de la police municipale sans se permettre de les modifier, et sans pouvoir décider qu'une mesure que ses règlements prescrivent a été suffisament remplacée par une mesure analogue qu'aurait pris le contrevenant. (Cass. 11 mai 1810).

Un tribunal de police ne peut renvoyer à l'autorité administrative à examiner l'excuse proposée par des contrevenants à un arrêté de l'administration sur la police municipale. (Cass. 17 mai 1811).

L'injonction du Maire ne peut être assimilée aux dispositions d'un arrêté. (Cass. 24 octobre 1823).

Dans le cas où un arrêté a besoin d'être interprété, ce soin appartient à l'autorité même qui l'a pris, et le tribunal doit attendre, pour statuer sur le compte des prévenus, que l'interprétation ait été faite. (Cass. 16 juillet 1824).

Matières qui peuvent donner lieu à des Règlements ou Ordonnances de police,

Conformément au § 15 de l'art. 471 du Code Pénal.

AMEUTEMENTS dans les rues. — 16-24 août 1790, art. 3, n° 2.
ANIMAUX malfaisants ou féroces.—16-24 août 1790, art. 3, n° 6.
AUNAGE (fidélité de l'). — 16-24 août 1790, art. 3, n° 4.
ATTROUPEMENTS nocturnes.—16-24 août 1790, art. 3, n° 2 ; 19-22 juillet 1791, art. 19.

Sommaire, par ordre alphabétique, des matières contenues dans le livre 4 du Code Pénal,

Relatives aux contraventions de police et peines, avec la conférence des articles du Code à chaque mot.

Des Commissaires de Police.

Les fonctions du commissaire de police sont pénibles et délicates. Les qualités que l'on doit exiger de lui sont

2

nombreuses; mais l'administration peut être assurée d'un bon choix toutes les fois qu'elle les rencontrera dans l'homme appelé à remplir de pareilles fonctions.

Le commissaire de police doit être *actif et vigilant, discret et instruit, honnête et modéré.* Par l'activité et la vigilance, il préviendra les délits ; la discrétion le fera estimer et honorer ; l'instruction le mettra à l'abri des erreurs graves qu'il pourrait commettre dans l'exercice de ses fonctions; l'honnêteté écartera de lui tout soupçon, le rendra fort et donnera du poids aux mesures qu'il pourra prendre; enfin, s'il est modéré, s'il sait apprécier ce qui doit être poursuivi, ce qui doit être toléré ou mis en oubli, il sera bientôt remarqué par ses supérieurs; il acquerra leur confiance, et, devenant ainsi l'âme de l'administration, il sera en même temps le conseil et l'ami des administrés.

Les commissaires ordinaires de police sont chargés tout à la fois de la haute-police, sous les ordres du Préfet ; de la police judiciaire, sous les ordres du Procureur de la République, et de la police municipale, sous les ordres du Maire (Lois du 21-29 septembre 1791, art. 2 et 6). Ils exercent, près les tribunaux de simple police, les fonctions du ministère public. En cette qualité, ils sont placés sous la direction du Procureur de la République. (Loi du 27 ventôse an VIII, art. 1er; Cass. 27 août 1825, 19 septembre 1834).

Sous ces différents rapports, ils sont considérés comme des magistrats de l'ordre judiciaire et de l'ordre administratif. Cette qualification est de la plus haute importance, parce qu'elle sert à caractériser les délits commis contre leurs personnes. Ainsi, le fait par un individu d'avoir dit à un commissaire de police qui lui expliquait les motifs

de son expulsion d'un lieu public, *qu'il en avait menti,*
et *qu'il était un gredin,* constitue, de la part de cet individu, l'outrage envers un magistrat de l'ordre administratif et judiciaire dans l'exercice de ses fonctions, prévu
par l'art. 222 du C. Pén., et non l'outrage fait publiquement à un fonctionnaire public, à raison de ses fonctions
ou de sa qualité, réprimé par l'art. 6 de la loi du 25 mars
1822 (Cass. 4 juil. 1833 : *Lamarthonie*). De même que
les commissaires de police exerçant, par délégation directe
de la loi, une part de l'autorité publique, soit qu'ils agissent comme fonctionnaires de l'ordre administratif ou
comme officiers de police judiciaire, soit qu'ils rem-
plissent les fonctions du ministère public devant les tribunaux de police, et ayant de plus le pouvoir de requérir
la force publique, ne peuvent être considérés comme agents
de la force publique, mais comme magistrats de l'ordre
administratif ou judiciaire, selon qu'ils agissent dans l'un
ou l'autre de leur double caractère. (Magnitot et Dela-
marre, *Dict. Droit adm.* v° *commissaire de police*, § 5. —
Chauveau et Hélie, *Th. C. pén.* t, 4, p. 355. — Legraverend, t. 2, ch. 4, p. 368, note 11. — Carnot, C. Pén.
t. 1er, art. 224, nos 6 et 7. — Chassan, *Délit de la parole*,
p. 393. — Parant, *Délit de la presse*, p. 142. — De Grattier, *Comm. L. de la presse*, t. 2, p. 54, note 5. —Surtout
le réquisitoire de M. le Procureur-Général Dupin, prononcé devant les chambres réunies de la Cour de cassation,
lors de l'arrêt du 2 mars 1838, t. 1er 1838, p. 333).

En qualité d'officiers de police judiciaire, ils sont sous
la surveillance du Procureur de la République et du Juge
d'instruction. (C. P. 3 brumaire an IV, art. 22 et 23).

En matière administrative, ils relèvent immédiatement
du Maire et du Préfet. La question de savoir si un préfet

peut suspendre un commissaire de police, est controversée. Ce droit peut s'induire de celui qu'ils ont de suspendre les Maires. (Mangin, *Tr. Procès-Verbaux*, 70).

Ils ont à leur disposition, pour l'exercice de leurs fonctions, la garde nationale, la gendarmerie. Ils peuvent requérir la troupe de ligne. (Arrêté du 5 brumaire an ix, art. 32).

Comme officiers de police judiciaire, ils sont tenus de dresser les procès-verbaux tendant à constater le flagrant délit ou le corps du délit, encore qu'il n'y ait pas eu de plainte rendue. (Loi du 21-29 septembre 1791, art. 5).

Ils peuvent faire saisir et remettre à l'autorité judiciaire les individus surpris *en flagrant délit* ou arrêtés sur la *clameur publique* (Arrêté du 5 brumaire an ix, art. 35). Le droit d'ordonner ou de faire l'arrestation ne leur appartient que dans ces deux circonstances; hors de là, ils se rendraient coupables d'arrestation arbitraire, et, dans ce cas, ils sont sous la surveillance du Procureur-Général.

Comme officiers de police auxiliaires, ils recherchent tous les crimes et délits, ils dressent des procès-verbaux qu'ils transmettent au Procureur de la République. (8 et 9 C. I. C.).

Ils font, en l'absence de ce magistrat, tous les actes de sa compétence (49, 50 C. I. C.), mais ils ne peuvent continuer l'instruction après l'instant du flagrant délit. (Ord. 29 oct. 1820, art. 166).

Dans le cas de délit non flagrant, ils ne peuvent que recevoir des plaintes, rédiger des procès-verbaux pour les transmettre à qui de droit. (53 C. I. C.).

Leur qualité d'auxiliaires du Procureur de la République leur impose le devoir de le suppléer dans tous les actes de son ministère, et d'obéir à ses instructions, sous peine d'être dénoncés au Procureur-Général, et d'être poursuivis disciplinairement, sur les réquisitions de ce magistrat, devant la Cour d'appel (279, 280, 281, 282 C. I. C. — S. 7. 1. 81).

Les commissaires de police ont le droit de s'introduire dans tous les lieux publics (Loi du 19 juillet 1791, art. 9, t. 1); dans ceux où l'on donne habituellement à jouer des jeux de hasard, mais seulement sur la désignation qui leur en a été donnée par deux citoyens domiciliés (*idem*); dans les lieux notoirement livrés à la débauche. (Art. 10, même loi).

Ils sont chargés de la recherche et de la constatation des infractions en matière de pêche fluviale (Loi du 15 avril 1829, art. 36); en matière de grande voirie (Loi du 29 floréal an 10, art. 1 et 2); des contraventions à l'ordonnance du 4 février 1820, sur la police des diligences et voitures publiques, art. 13 ; de celles relatives au port illicite des lettres ; aux lois prohibitives des jeux et de la loterie, et des contraventions à la police de l'imprimerie et de la librairie. Par ordonnance du 13-19 septembre 1829, les inspecteurs de la librairie sont supprimés, et tous les commissaires de police ont été investis des attributions légales de ces inspecteurs, que l'on retrouve dans les art. 45 du décret du 5 février 1810, 20 de la loi du 21 octobre 1814, et 7 de l'ordonnance du 24 octobre de la même année.

Ils sont encore chargés de veiller à la vente illicite, au colportage et à la circulation illégale du tabac, des cartes à jouer (Cass. 10 février 1826). Ils ont le droit d'arrêter les fraudeurs et colporteurs. (Loi du 28 avril 1816, art. 169, 223).

Ils doivent déférer aux réquisitions de saisir les objets de contrefaçon, faites, soit par le Procureur de la République, soit par le Juge d'instruction, lorsqu'il s'agit de brevet d'invention; soit par les parties, en matière de propriété littéraire, et sans exiger de caution. dans l'un et l'autre cas; de parapher les registres des aubergistes, de se les faire représenter tous les quinze jours (Loi du 19 juillet 1791, art. 5); de veiller à ce que les nouveaux poids et mesures soient seuls employés dans le commerce; d'assister les inspecteurs en cette matière, et d'obtempérer à leurs réquisitions. (Arrêté du 29 prairial an IX, art. 16).

D'après la loi du 29 germinal an IX, les commissaires de police sont chargés, sur la désignation du Maire, de la police de la bourse. Le commissaire désigné à cet effet doit se pénétrer des dispositions de la loi du 29 germinal an IX, art. 14; des arrêtés du 28 vendémiaire an IV, art. 3, et du 27 prairial an X, art. 3 et 5.

Les procès-verbaux des commissaires de police font foi jusqu'à preuve contraire (154 C. I. C. — Cass. 1er avril 1828); mais ils ne peuvent être détruits par de simples assertions de l'inculpé. (Cass. Bull. crim. 1824, no 195; 1826, no 58).

Quant aux crimes et délits dont ils peuvent se rendre coupables dans l'exercice de leurs fonctions, une autorisation du conseil d'état est nécessaire pour les poursuivre, si le crime ou délit se rattache à des fonctions de police administrative; si, au contraire, les faits qu'on leur impute se rattachent à leurs fonctions de police judiciaire, l'autorisation n'est pas nécessaire. (479, 483 C. instruct. crim.).

Des Agents de Police.

(Voir le mot *Agent de Police*).

On doit seulement faire remarquer ici que les agents de police ne sont pas officiers de police judiciaire, et qu'ils ne peuvent pas remplacer les commissaires de police (Cass. 13 mai 1831 et 12 juillet 1834. — Bull. crim. 1831, n° 109; 1834, n° 223).

Leurs procès-verbaux ne peuvent servir de base à une condamnation (Cass. 30 juin 1838. — Bull. crim. 1838, n° 185 et 186). Il doit en être de même de ceux des sergents de ville et des inspecteurs de police (Cass. 30 mars 1839).

Nomenclature générale des Officiers de Police judiciaire.

Les Juges d'instruction;

Les Procureurs de la République et leurs Substituts:

Les Juges-de-Paix;

Les Commissaires généraux et ordinaires de Police;

Les Maires et Adjoints;

Les Officiers de gendarmerie;

Les Gardes-champêtres et forestiers.

(C. instr. crim. art. 9).

Auxiliaires du Procureur de la République.

Le Préfet, sans être officier de police judiciaire, peut en remplir les fonctions, mais en se bornant aux actes nécessaires à la constatation des délits. Il ne peut décerner aucun mandat, sauf le cas de flagrant délit ou de réquisition de la part d'un chef de maison. Dans ce cas,

il peut faire saisir l'inculpé, mais il doit encore se borner
à le livrer à la justice , sans le faire emprisonner , sous
peine d'attentat à la liberté individuelle. (Ortolan, *Minist.
publ.* t. 2, p. 38 et 39, et C. d'instr. crim., art. 9, 10,
40 et 46).

Les gardes du génie, les cantonniers, les employés extérieurs des administrations publiques , les membres des
autorités sanitaires, et une foule d'autres fonctionnaires,
sont officiers de police judiciaire. Toutefois, leurs fonctions étant spéciales, leur pouvoir ne s'étend qu'aux objets soumis à leur surveillance. Ils ne peuvent constater
que les délits qui y sont relatifs. Dans tout autre cas,
leurs procès-verbaux sont sans force. (Cass. 1819).

Voir, au surplus, les lois du 29 mars 1806, l'ordonnance du 10 novembre 1815 , le décret du 16 décembre
1811 , la loi du 3 mai 1822 , art. 17, et l'ordonnance
du 7 août 1822, art. 72.

On doit remarquer que les officiers de police judiciaire
n'ont compétence et attribution, pour agir en cette qualité, que dans l'étendue du territoire assigné à leurs fonctions , sauf l'exception portée par l'art. 464 du Code d'instruction criminelle, dans le cas de fausse monnaie , de
faux effets publics, ou de contrefaçon du sceau de l'État.

Du Commissaire central.

L'institution des commissaires centraux a subi de nombreuses modifications suivant les événements politiques
survenus depuis leur création. Ils ont été supprimés ou
rétablis suivant que l'exigeaient les circonstances.

En général , chaque ordonnance de nomination trace
la nature de leurs devoirs et de leurs fonctions. Aujour-
d'hui, ils sont tout à fait en dehors de l'administration

municipale. Ils ne relèvent que du Préfet, dont ils sont considérés comme les agents, et du ministre de l'intérieur ; ils sont spécialement chargés, sous l'autorité du Préfet, de l'administration de la haute police. Le commissaire central a ses agents particuliers.

Le Maire peut ne pas lui donner de délégation fixe, lui refuser des agents, le laisser agir, en un mot, comme il l'entendra, et sous sa responsabilité, dans les limites de ses attributions. Il n'a aucune supériorité sur les commissaires ordinaires, et n'exerce sur eux qu'un pouvoir centralisateur pour les faits de haute police, dont il est plus spécialement chargé, lorsque ce pouvoir lui est délégué par le Préfet ou le Ministre. Les commissaires centraux ont été créés après la suppression des commissaires généraux et spéciaux, qui avaient des pouvoirs trop étendus.

La suppression de ces derniers, en effet, a eu pour cause les conflits qui pouvaient résulter entr'eux et les autorités départementales, par suite des pouvoirs qui leur étaient conférés. Ces commissaires étaient plutôt une entrave qu'une aide à l'administration ; on en a reconnu l'abus et on a créé alors des commissaires centraux dont les pouvoirs sont beaucoup plus restreints.

Il y a bien encore des commissaires généraux, mais les décrets de nomination portent et indiquent leur compétence et règlent leur position vis-à-vis des autres magistrats du département où ils sont établis. De plus, comme ces commissaires ne sont que pour un temps déterminé, et que leurs fonctions sont limitées, les inconvénients qu'on vient de signaler ne peuvent plus exister.

Les lois qui régissent ces agents du gouvernement sont celles des 28 pluviôse an VIII, 9 floréal an XI ; décret du

28 fructidor an xⅢ; arrêté du 5 brumaire an ix, articles 1 et 31 ; du 17 frimaire an xiv, sauf les modifications qui y ont été apportées par les lois postérieures ou
par les diverses ordonnances de nomination.

Tribunal de simple Police.

L'institution des tribunaux de police est due à la loi
sur la police municipale et correctionnelle du 19-22 juillet 1791. — Les tribunaux de *police municipale* furent
supprimés par le code du 3 brumaire an iv, qui créa les
tribunaux de police (Art. 56, 151, 152); la loi du 9
ventôse an ix supprima les assesseurs, et ces tribunaux
ne furent plus composés que du juge-de-paix.

Le Code de l'an iv, art. 162, attribuait au commissaire du pouvoir exécutif de l'administration municipale
du lieu les fonctions du ministère public; mais cette
administration ayant été supprimée, la loi du 27 ventôse an viii les conféra aux commissaires de police.

La loi du 28 floréal an x, art 14, crée un greffier
particulier, pour le tribunal de simple police, dans les
villes renfermant plusieurs justices de paix.

Aujourd'hui, cette institution est réglée par le Code
d'instruction criminelle, livre 2, tit. 1ᵉʳ, chap. 1.

Les tribunaux de simple police sont tenus dans chaque
canton par le juge-de-paix. Les fonctions du ministère
public sont remplies par le commissaire de police du lieu
où siége le tribunal (Art. 140-144 C. instr. crim.).

Dans les communes divisées en plusieurs justices de
paix, comme à Bordeaux, le service du tribunal de police est fait successivement par chaque juge-de-paix, en
commençant par le plus ancien. Il y a un greffier parti-

culier pour le tribunal de police. Le ministère public est désigné par le procureur-général.

Les jugements de police sont sujets à l'appel toutes les fois qu'ils prononcent l'emprisonnement ou que l'amende ou les restitutions qu'ils accordent excèdent la somme de cinq francs (Instr. crim. 172).

Ils peuvent être attaqués devant la Cour de cassation, lorsqu'ils prononcent une condamnation inférieure.

Du reste, l'appel est toujours suspensif, et il est toujours porté au tribunal de police correctionnelle (173-174 C. instr. crim.).

Un jugement de simple police qui prononce un acquittement, est rendu en dernier ressort (Cass. 10 avril 1812, 26 mars 1813. — B.-C. 1812, n° 90 ; 1813, n° 56) ; de même les jugements de compétence, et ceux qui admettent une question préjudicielle, sont tous en dernier ressort (S. 19. 1. 156).

Le droit d'appeler appartient au condamné, à la partie civile, au ministère public (Legraverend, t. 2, 309). Voir cependant Cass. 28 août 1823, qui juge que le ministère public n'est jamais recevable à appeler des jugements de simple police. (Bull. crim. 1823, n° 122, et Cass. 24 février 1827 ; Dalloz, 1827; 1. 152).

L'appel doit être interjeté dans les dix jours de la signification à personne ou domicile. (174 C. instr. crim. — S. 17. 1. 87).

Quand le jugement a été rendu par défaut, le délai de l'appel ne court que du jour où l'opposition n'est plus recevable. (Avis du conseil d'État, 11-18 février 1806. — Legraverend, t. 2, 353).

L'appel se fait par exploit signifié au ministère public, ou par une déclaration passée au greffe de la justice de paix (Dalloz, 1826, 1. 398; 1833, 1. 341. — Cass, 6 août 1829, J. du P. t. 22, 1325).

Lorsque, sur l'appel, une des parties, ou le Procureur de la République le requiert, les témoins peuvent être appelés et entendus de nouveau, et il peut même en être entendu d'autres. (C. instr. crim., 175).

Le droit de se pourvoir en cassation, contre les jugements de simple police, n'appartient qu'au ministère public près le tribunal qui a rendu le jugement attaqué; mais ce pourvoi peut être valablement notifié à ce magistrat (Cass. 27 août 1825. — Bull. crim., 1825, n° 169).

Le délai du pourvoi court du jour du jugement rendu contradictoirement, sans qu'il soit besoin de notification préalable: (Cass. 19 nov. 1835. — Bull. crim. 1836, n° 454).

Les jugements de simple police ne sont susceptibles d'exécution forcée qu'autant qu'ils ont été signifiés et qu'ils n'ont pas été attaqués dans les délais de l'opposition ou de l'appel. — Il n'est cependant pas besoin de signification, lorsque le condamné veut exécuter volontairement.

C'est au ministère public, près le tribunal de simple police, à assurer l'exécution du jugement rendu, ou à la partie civile, chacun en ce qui le concerne (165 Code instr. crim.).

DIVISION DE L'OUVRAGE.

PREMIÈRE PARTIE.

POLICE DE SURETÉ.

PREMIER LIVRE.

—

AÉROSTATS. — § 1ᵉʳ. — Il est défendu de faire enlever des ballons garnis d'artifice, ou auxquels serait
adapté un foyer quelconque d'artifice et d'esprit de vin,
ou de tout autre matière inflammable. —Les ballons gon-
flés au gaz sont exceptés. —Aucune ascension ne pourra
avoir lieu sans une autorisation préalable du Maire.

Arrêté du Maire, 14 juillet 1806. — Circ. min., 2 septembre
1825. — Arrêté du Préfet, 20 septembre 1825; *id.* du Maire,
27 novembre 1847.—C. pén. art. 471, nᵒˢ 2, 13, 15; 475, n° 9.
—C. civ. art. 1382, 1383, 1384.

Par suite d'une trop grande agglomération de curieux sur les
points de départ ou de descente du ballon, il résulte quelquefois des dommages aux propriétés particulières; aussi les contraventions aux arrêtés concernant la matière, ne sont seulement
pas punissables des peines portées par les articles du Code Pénal; mais elles peuvent devenir l'objet d'actions civiles de la
part des propriétaires lésés.

AFFICHES, AFFICHEURS, CRIEURS PUBLICS. — § 2. —
Aucune affiche ne peut être apposée sans dépôt préalable à la Mairie. Elles ne peuvent être placées sur des

monuments publics. Leur lacération ou dégradation est une contravention. — Les affiches particulières ne peuvent être couvertes avant le délai de huit jours. Elles doivent être sur papier de couleur timbré. Il doit y être fait mention du nom, de la demeure de l'auteur ou de l'imprimeur. Elles ne peuvent pas être faites sous un nom collectif. — Aucun citoyen, aucune réunion de citoyens ne pourra rien afficher sous le titre d'arrêtés, ni sous aucune forme obligatoire ou impérative.

L'autorisation préalable est nécessaire pour exercer la profession d'afficheur, de crieur public. Il leur sera donné connaissance de leurs droits et obligations.

Arrêt du Conseil du 13 septembre 1722.—Lois du 18 mai 1791, art. 11, 13 et suiv. ; 22 juillet 1791 ; 28 germinal an IV *(Mesures répressives)* ;—23 fructidor an VI ; 9 vendémiaire an VI *(Timbre)* ; — 3 brumaire an VI ; 6 prairial an VII ; — arr. du 7 avril 1814 *(Autorisation)* ; — 28 avril 1816, art. 65 ; 25 mars 1817, art. 77 ; 17 mai 1819 ; 16 juin 1824, art. 10 ; 10 décembre 1830 ; 8 avril 1831 ; 16 février 1834. — Loi du 27 juillet 1849 .— C. pén. art. 283, 284, 287, 471, n° 15 ; 479, n° 1 et 9.—Arrêtés du Maire : 20 septembre 1838, 21 septembre 1840, 26 mars 1848.
        Voir: *Colportage,—Distribution d'écrits.*
    Des affiches faites à l'aide d'une planche de cuivre noircie, puis appliquée à la main sur le papier, ne sont pas soumises aux formalités prescrites par la loi pour les affiches imprimées. S. 37, 2, 99. — Le règlement de police qui défend *d'imprimer* aucune affiche, sans en avoir obtenu l'autorisation, étant contraire aux lois sur la presse, n'est point obligatoire pour les imprimeurs. S. 34. 1. 268.—L'enlèvement ou la lacération d'affiches apposées par ordre de l'administration, n'est punissable qu'autant que ce fait a lieu avec l'intention d'empêcher le public d'en connaître le contenu. S. 33. 1. 223. — La loi du 16 février 1834, qui soumet à l'autorisation préalable de l'autorité municipale, l'exercice de la profession de distributeur, sur la voie publique, d'écrits imprimés, lithographiés, s'applique même à la

distribution de simples adresses. S. 35. 2. 11; Journal des arrêts de la Cour de Bordeaux, t. 25, p. 18.

Les peines correctionnelles portées par l'art. 283 du Code Pénal sont réduites à une peine de simple police, à l'égard des crieurs, vendeurs ou distributeurs qui font connaître la personne de laquelle ils tiennent l'écrit imprimé (Art. 285, 284 C. p.).—Les éléments de la contravention de la lacération des affiches, sont au nombre de trois :

1° Lacération des affiches ;

2° Lacération méchante ;

3° Que les affiches aient été apposées par ordre de l'administration.

On doit entendre, par le mot *méchamment*, la volonté d'empêcher le public de connaître le contenu des affiches.

Un règlement de police qui défend de placarder aucun écrit sans le *visa* du Maire, ne saurait s'appliquer à des affiches apposées en exécution d'une décision judiciaire; par exemple, à des placards annonçant qu'un notaire, commis par justice, procédera, tel jour, à telle vente. — Loi du 10 décembre 1830 ; — Cass. 9 août 1838 ; — C. civ. art. 2225 ; — S. 34. 1. 268.

La plupart des dispositions des lois ci-dessus citées sont applicables aux chanteurs sur la voie publique.

AGENTS DE POLICE. — §. 3. — Il sera créé un certain nombre d'agents placés sous les ordres de l'autorité municipale, et préposés pour le service de la police de sûreté. A cet effet, ils seront commissionnés et porteurs d'une médaille dans l'exercice de leurs fonctions.

Loi du 22 juillet 1791 ; 29 septembre 1791 ; — Arrêté du gouvernement, 1er juillet 1800 ; — Loi du 17 mai 1819 ; — C. pén. 224, 230, 186, 198 ; — Arrêtés du Maire : 30 septembre 1830, 27 janvier 1832, 27 juillet 1838, 18 janvier 1843.

Les procès-verbaux des agents de police ne peuvent seuls, et en l'absence de tout autre preuve, faire foi des contraventions qu'ils constatent. S. 39. 1. 240. Les simples agents de police, n'étant pas des officiers de police judiciaire, n'ont pas le droit de s'introduire, de leur propre chef, dans le domicile d'un citoyen pour y faire un acte quelconque d'instruction. S. 38. 2. 491. Les agents de police doivent être considérés comme agents de la *force publique*, lorsqu'ils agissent en exécution de l'art. 77 du décret du 18 juin 1811, et comme agents de *l'autorité publique*, lorsqu'ils exercent la surveillance que l'autorité municipale leur a confiée. Au premier cas, les outrages ou injures à eux adressés sont punissables par l'art. 224 C. pén.; au second, par l'art. 19 de la loi du 17 mai 1819. —S. 37. 1. 627.

En général, leurs fonctions consistent à faire des rapports aux commissaires de police. Ils dressent des procès-verbaux lorsqu'ils sont revêtus d'un uniforme spécial; ils arrêtent les vagabonds, les mendiants, les repris de justice, tous les auteurs de crimes ou délits, en cas de flagrant délit; les évadés des bagnes et des maisons d'arrêt; ils veillent à l'ordre et au maintien de la tranquillité publique. On doit leur prêter secours et assistance lorsqu'ils le requièrent, et qu'ils se font connaître (C. pén. art 475, n° 12). Tout acte illégal ou arbitraire d'un agent de police est passible des peines portées par les art. 186, 198 C. pén.

Le but de l'institution des agents de police et le caractère légal qui leur appartient, ont été nettement indiqués dans l'arrêt doctrinal de la Cour de cassation du 28 août 1829. J. C. t. 1, p. 338. —V. Mangin, *Traité des procès-verbaux*, p. 172, n° 76.—Chauveau et Hélie, *Th. C. p.* t. 4, p. 361-372. — Parant, *Lois de la presse*, p. 137.—Chassan, *Délit de la parole*, t. 1, p. 382, note 4. —De Grattier, t. 1, p. 207, note 2. — La question de savoir si un agent de police peut mettre un mandat à exécution a été longtemps controversée, dit M. Faustin Hélie (*Th. C. pén.* t. 3, p. 110). C'est une erreur, et pour se convaincre du contraire, il n'est besoin que de lire le décret du 18 juin 1811, art. 77, qui leur confère ce droit. Voir Dalmas, p. 220.

ALARME. — §. 4. — Les individus qui répandront de fausses nouvelles, soit par des discours ou des cris, soit par d'autres moyens, hors le cas d'incendie ou de tout autre fléau, seront considérés comme troublant la tranquillité publique.

Lois de 16 24 août 1790, art. 3, tit. 2.

———

ALIÉNÉS. — § 5. — Les personnes qui auront laissé divaguer des fous ou des furieux placés sous leur garde, seront passibles des peines portées par l'art. 475, n° 7 du C. pén., sans préjudice du dommage causé par l'aliéné, dommage dont elles sont responsables. —1382 C. civ.

Lois du 16 août 1790 ; 22 juillet 1791. — Décret du 23 nov. 1792, qui ordonne de faire dresser des états de toutes les personnes détenues pour démence.—25 sept. 1797, 28 mars 1803. —Circulaires ministérielles 6 nov. 1815, 16 juill. 1816, 27 juill. 1818. — Loi du 30 juillet 1838. — Circ. minist. 5 août 1839. — Ord. royale, 18 déc. 1839. — S. 40. 2. 189. — Circ. minist. 5 juilllet 1840. — Code pén., art. 475, n. 7. — Code civ. 489, 1382. — Arrêté du Préfet 23 mai 1840. — Instr. du Maire des 3 sept. 1842, 20 juin 1844, 24 mai 1848.

Chaque département est tenu d'avoir un établissement public spécialement destiné à recevoir les aliénés. Les placements d'aliénés dans ces établissements sont volontaires, ou ordonnés d'office; c'est le préfet qui ordonne ce placement. Le Maire, dans le cas de danger imminent, peut ordonner toutes les mesures nécessaires pour prévenir les accidents dont un aliéné pourrait se rendre l'auteur.

Toute demande tendante à faire recevoir un aliéné dans un établissement public, doit être adressée au Maire, qui la fait parvenir au Préfet. On doit joindre à cette demande les renseignements suivants : 1° les nom et prénoms du malade ; 2° les noms et prénoms de ses père et mère ; s'ils sont morts ou vivants ; 3° son état civil: s'il est marié, les nom, prénom, domicile de l'épouse ; 4° sa profession ; 5° sa position de fortune et de famille ; 6° son âge (produire son acte de naissance) ; 7° son domicile ;

8° les nom, prénoms, profession, âge, domicile de la personne qui demande le placement ; 9° la qualité en vertu de laquelle elle agit. La demande sera signée par l'impétrant, et, s'il ne sait pas signer, elle sera reçue par le Maire, ou le commissaire de police qui en donnera acte. Elle indiquera, en outre, si le malade est interdit, et, dans le cas de l'affirmative, la date du jugement d'interdiction ; s'il y a eu dans sa famille des personnes aliénées, les causes présumées de l'aliénation, l'époque des premières atteintes ; le signalement du malade ; un certificat de médecin.

Les magistrats chargés de la police des prisons peuvent, en certain cas, faire transférer un détenu dans un hospice ; la loi du 25 septembre 1797 a prescrit les formalités à remplir pour cet objet.

Quand des maisons d'aliénés sont tenues par des particuliers, elles sont sous la surveillance de l'autorité municipale, qui y constate, non seulement l'état moral des malades, mais encore la nature des soins qu'on leur prodigue.

La contravention de la divagation des fous peut se présenter dans deux hypothèses : 1° par la fuite des maisons d'aliénés ; 2° par la négligence de ceux à qui la garde en est confiée lorsqu'il n'y a pas de détention.

ANIMAUX. —§ 6. — Les combats de chiens et de tous autres animaux sont expressément défendus dans toute l'étendue du territoire de la commune. Il est également défendu d'exciter les chiens pour les faire battre, les faire courir ou les faire mettre en fureur, d'introduire dans la ville des ours ou tous autres animaux malfaisants ou féroces, à moins qu'ils ne soient enfermés dans des cages.

Lois des 16-24 août 1790 ; 19-22 juillet 1791 ; 18 juillet 1837. — Code pén., art. 471, n. 15 ; 475, n. 7 ; 479, n. 2, et 482.— Arrêté du Maire 24 mai 1844. — Cassation 2 septembre 1825. — *J. du Palais*, t. 19, p. 878.

Si l'excitation d'un chien a été la cause d'un homicide ou de blessures, les art. 319 et 320 C. pén. deviennent applicables (Faustin Hélie et Chauv. *Th. C. pén.* t. 8, p. 383). La divagation d'un chien dans une cour non close constitue une contravention (*id.*). Les chiens peuvent être considérés comme des animaux féroces et malfaisants (Cass., 2 sept. 1825.—*J. du Palais*, t. 19, p. 878).

Le chien est considéré comme un animal domestique (Cass. 17 août 1822; — Carnot, sur l'art. 452, n. 5 et 6).

ARMES.—§ 7. — Tous détenteurs d'armes de guerre, autres que les gardes nationaux, sont tenus de les verser immédiatement dans le magasin d'armes de la ville. Les gardes nationaux ne peuvent avoir que les armes nécessaires à leur service. Les armuriers ne peuvent faire aucune réparation aux armes de la garde nationale sans y être autorisés. Les gardes nationaux sont responsables des armes qui leur sont délivrées. Tout armurier doit tenir un registre paraphé par l'autorité, où il établit ses ventes et achats, avec indication des noms et domiciles des vendeurs ou acquéreurs. Il est expressément défendu de fabriquer, vendre, acheter et porter des armes prohibées, telles que pistolets de poche, poignards, stylets, cannes à lance, etc., etc.

Déclaration du 23 mars 1728. —Lois des 10-14 août 1790 et 22 mai, 2 et 3 juin 1790; 3 et 14 septembre 1791; 18 ventôse et 6 germinal an VI.—Décret du 2 nivôse an XIV.—Décret du 23 décembre 1805, du 12 mars 1806, du 14 décembre 1810.—Avis du conseil d'état 17 mai 1811. — Ordonnance royale 24 juillet 1816.— Loi du 24 mai 1834. — Ordonnance royale 23 et 25 février 1837.— Art. 100, 101, 314, 315 Code pén.—Arrêtés du Maire 18 novembre 1831, 4 avril 1832.

La disposition de l'ordonnance du 24 juillet 1816 (art. 5), prononçant la peine de l'emprisonnement et de l'amende contre tout détenteur d'une arme de guerre qui ne l'aura pas déposée

à la Mairie, dans un certain délai, excède le pouvoir réglementaire que le Roi tient de la Charte, pour l'exécution des lois, et
par suite, ces deux peines ne doivent pas être appliquées par les
tribunaux aux contrevenants (S. 33. 2. 600). Le poignard est une
arme prohibée dont le port est puni par la loi (C. pén. 314 ; ordonnance du 23 mars 1728 : S. 37. 2. 445). Les pistolets de poche appartiennent à la catégorie des armes prohibées, depuis
l'ordonnance du 23 février 1837. Le délit de détention d'armes
de guerre, sans autorisation, ne peut être excusé sous prétexte
de bonne foi (loi du 24 mai 1834, art. 3); la confiscation doit en
être ordonnée (S. 35, 1, 630).

Voyez Achille Morin, *Dict. Droit crim.* v° *armes;* Hélie et Chauveau, *Th. C. pén*, t. 3, p. 56; Foucart, *Droit administratif*, t. 1,
p. 275 et suiv. — *J. du Droit. crim.* 1834, n. 2449.

Voyez encore Chauveau et Hélie, t. 5, p. 445 et suivantes.

ARTIFICE (PIÈCE D')—§ 8.—Il ne peut être fabriqué,
débité ni conservé de poudre de guerre ou de chasse,
fabriqué ni vendu des pièces d'artifice, qu'en se confor-
mant à la loi. Les débitants de poudre seront tenus d'inscrire, sur un registre coté et paraphé par le Maire ou ses
adjoints, les noms, prénoms, qualités et demeures justi-
fiées des personnes auxquelles ils vendront de la poudre,
et la quantité, quelle qu'elle soit. Le registre sera repré-
senté à toute réquisition des agents de l'autorité. Les
débitants seront soumis à un exercice mensuel de la part
des agents de l'autorité. — Il est interdit aux épiciers,
merciers, débitants de poudre, et à tous autres que les
artificiers patentés, de débiter des pièces quelconques d'artifice, même de la petite dimension. Les artificiers tiendront un registre coté et paraphé. — Il est interdit de tirer
des armes à feu, pétards, fusées et pièces d'artifice quelconques sur la voie publique et dans l'intérieur des habi-

tations. Une autorisation est nécessaire pour tirer des pièces d'artifice dans les cours et jardins. Tout attroupement ou rassemblement devra être dissipé dans ces différentes occasions.

Arrêtés du Maire 6 mars 1821, 22 juin 1836, 17 juin 1838. — Arrêt du parlement 30 avril 1729. — Ordonnance de police 20 février 1785. — Lois du 13 fructidor an 5 (22 août 1797). — Décret du 6 mars 1813. — Ordonnance royale du 25 mai 1818. Ord. du 15 novembre 1791. — Lois des 16-24 août 1790, titre 11, art. 3, chap. 1 et 4, et art. 5. — Loi du 22 juillet 1791, titre 1, art. 45. — Arrêté du gouvernement du 12 messidor an 8. — Décrets et ordonnances des 15 octobre 1810, 16 mars 1813, 16 janvier 1815. — Lois des 14 août, 21 octobre, 3 novembre 1789 : 26-27 juillet, 3 août, 6 octobre 1791. — Décret du 25 septembre même année. — Art. 209 et suivants du Code pén. — Loi du 10 avril 1831. — Loi du 18 juillet 1837. — Art. 471, 472, 473 Code pén. § 2.

La défense faite par un règlement de police de tirer, sous quelque prétexte et en quelque occasion que ce soit, des armes à feu et des pièces d'artifice, sur la voie publique, est tellement absolue, que les contrevenants ne peuvent être excusés par le motif qu'ils n'auraient tiré que sur des pigeons qui leur porteraient dommage, ou encore que le règlement de police n'avait pu avoir en vue que de défendre le tir d'armes à feu sans nécessité et par forme d'amusement (Cass. 35, 1, 465). — L'autorité municipale peut sans doute défendre, par des règlements de police, l'établissement du tir au pistolet, mais cette défense ne saurait s'induire de celle faite par un arrêté, de tirer des coups de fusil et de pistolet dans l'intérieur de la ville (Cass. 37, 1, 270). — Des individus prévenus d'avoir tiré des artifices ou coups de feu dans l'intérieur d'une ville, en contravention au règlement de police, ne peuvent être relaxés sous prétexte que ces règlements seraient tombés en désuétude. (Cass. 37, 1. 500).

Le fait de tirer des pièces d'artifice, avec imprudence ou négligence, constitue un délit, quand un incendie en est résulté (Faustin Hélie, *Th. C. pén.*, t. 8, p. 205). — Ceux qui auront violé la défense de tirer, en certains temps, des pièces d'artifice, sont coupables d'une contravention (*id.* t. 8, p. 298). Ce n'est qu'après que la désignation des lieux a été faite, que la contravention peut exister (*id.*). Quelle est l'autorité qui a le droit de désigner ces lieux par des arrêtés (*id.*)? Dans quels cas les résultats de la contravention peuvent en changer le caractère (*id.* p. 299). —V. Achille Morin p. 76, v° *artificier*.

ASSOCIATIONS DE BIENFAISANCE. — ASSOCIATIONS DE MALFAITEURS. — § 9. — Voici l'indication des formalités à remplir pour fonder une association de bienfaisance : On doit remettre à la Mairie, dans le mois de la publication, la dénomination de la société de bienfaisance, le nombre des sociétaires, le lieu de réunion, la date de la fondation, la date de l'autorisation, le montant de la cotisation mensuelle, le mode du placement des fonds, le montant du capital actuel, le nombre des sociétaires secourus pendant l'année précédente, le chiffre total des secours accordés pendant l'année précédente, un état certifié par le président, le trésorier et le secrétaire de la société, et visé par le commissaire de l'arrondissement; liste nominative des sociétaires, prénoms, professions et demeures ; chaque année même état; aucune réunion partielle ou générale sans avertissement à l'autorité trois jours à l'avance; assistance de l'autorité aux réunions, s'il y a lieu. — Autorisation retirée faute d'accomplissement des formalités.

Les notes pour *Associations de malfaiteurs*.

S. 34. 2. 207. Lois sur les associations.

Arrêté du Maire 24 juillet 1844.—Lois des 19-22 juillet 1794, 18 juillet 1834, 10 avril 1834. —Art. 291 et suiv. du C. pén.

Une association de malfaiteurs, lorsqu'elle a pour but la perpétration de faits non qualifiés *crimes*, mais simples *délits*, ne rentre plus dans les termes de l'art. 267 du Code pén. Cet article ne prévoit que le cas où l'association a précédé ou suivi un crime (Chauveau et Hélie, *Théor. Code pén.* t. 5, p. 8; *contrà* Carnot, comme sur l'art. 267).

Le fait seul d'être associé à une bande de malfaiteurs organisés contre les personnes ou les propriétés, doit être assimilé à un service dans la bande, et constitue par suite un crime punissable de la réclusion. (Code pén. 268.—Cass. 32. 1. 141).

Il ne faut pas, pour qu'il y ait *bande de malfaiteurs*, tel ou tel nombre d'individus, vingt par exemple. Il suffit que son organisation soit appréciée par le jury, sans qu'il y ait à s'expliquer sur le nombre d'hommes qui la composent (C. pén. 266 ; Chauveau et Hélie, t. 5, p. 5; *contra* Carnot, *Com. sur l'art.* 266). Lorsque la question de savoir si l'accusé est coupable d'avoir fait partie d'une bande, en qualité de commandant, a été posée au jury, et que le verdict a déclaré la culpabilité en écartant cette circonstance aggravante, l'accusé ne peut plus être condamné que pour avoir fait partie de la bande, sans y exercer aucun commandement (Chauveau et Hélie, t. 5, p. 10). Les art. 291, 292 Code pén. qui défendent les associations religieuses de plus de vingt personnes sans l'agrément ou l'autorisation du gouvernement, n'ont point été, en ce qui touche les cultes non reconnus, virtuellement abrogés ou modifiés par l'art. 5 de la charte qui consacre la liberté des cultes. A l'égard de ces cultes non reconnus, il y a nécessité d'obtenir, pour pouvoir se réunir, l'autorisation du gouvernement. L'autorisation du Maire, en cette matière, est insuffisante, du moins elle reste sans effet, du moment qu'elle est révoquée par l'autorité supérieure (S. 37, 2, 139; *contra* Chauveau et Hélie, *Th. Code pén.* t. 5, p. 156).

De même, l'art. 294 Code pén. qui défend d'accorder, sous les peines qu'il détermine, l'usage de sa maison pour l'exercice d'un culte, sans la permission de l'autorité municipale, n'a pas été abrogé par l'art. 5 de la charte. Ainsi celui qui, sur le refus du Maire d'accorder l'autorisation qu'il lui a demandée, ouvre néanmoins sa maison à l'exercice d'un culte, même reconnu par l'état, se rend passible des peines correctionnelles prononcées par l'art.

294 Code pén. Le refus du Maire, dans ce cas, s'il est fondé sur des motifs contraires à la liberté des cultes, garantie par la charte, ne peut être déféré qu'à l'autorité administrative supérieure (S. 36. 1. 615). — Les réunions, pour l'exercice d'un culte non autorisé, doivent être considérées comme des associations ayant pour but de s'occuper d'objets religieux, dans le sens des art. 291, 292 Code pén. ; elles tombent en conséquence sous l'application de ces articles qui défendent et punissent de telles associations, lorsqu'elles sont formées de plus de vingt personnes, sans l'agrément ou l'autorisation du gouvernement.

Peu importe d'ailleurs que le culte dont il s'agit ait été toléré ou publiquement et librement exercé depuis plusieurs années et en différents lieux ; qu'il ait même été l'objet de certains actes de police administrative : tout cela ne constitue pas pour un culte nouveau une autorisation suffisante du gouvernement (S. 37. 1. 561).

Jugé de même que l'art. 5 de la charte, portant que chacun professe sa religion avec une égale liberté, et obtient pour son culte la même protection, n'a pas abrogé les art. 291 et suiv. C. pén., en ce qui touche la nécessité d'une autorisation préalable pour toute association ayant pour objet l'exercice d'un culte. Toutefois, l'art. 291 n'est pas applicable aux simples réunions spontanées ou accidentelles pour l'exercice d'un culte autorisé. Il ne s'applique qu'à celles qui auraient le caractère d'association (S. 38. 1. 314).

Les délits prévus par l'art. 294 Code pén. étant de même nature que ceux prévus par l'art. 291, sont, comme ces derniers, de la compétence des tribunaux correctionnels, aux termes de l'art. 4 de la loi du 10 avril 1834. Ils ne rentrent pas dans la classe des délits politiques dont la loi du 8 octobre 1830 attribue la connaissance aux cours d'assises. (S. 36. 1. 615).

Éléments de l'infraction. — Il faut pour qu'il y ait association, que cette association ait plus de vingt personnes; qu'elle ait le but déterminé par la loi. Les associations ont un but déterminé et permanent; les réunions ont pour cause des événements imprévus, instantanés, temporaires. — *Distinction* : L'innocuité de l'association motive l'atténuation de la peine, mais n'excuse pas

les prévenus. Depuis la loi du 10 avril 1834, l'association est illicite, lors même que ses membres ne se réunissent pas à des
jours marqués. (Faustin Hélie, *Th. C. pén.* t. 5).

Le propriétaire est considéré comme complice de ceux qui
s'associent sans autorisation préalable, s'il consent l'usage de
sa maison pour les membres de l'association, en se contentant
de la simple déclaration qu'elle est autorisée, sans en exiger la
preuve. Il est réputé avoir obtenu la permission, lorsqu'il a
remis au commissaire de police une des clefs de l'appartement
où se réunissent les membres de l'association.

L'association de malfaiteurs, délit prévu et puni par les art.
265 et suiv. du Code pén., comporte trois éléments essentiels :
1° la composition, 2° l'organisation, 3° le but,

MM. Chauveau et Hélie pensent (*Th. C. pén.* t. 5, p. 7 et 8)
que l'art. 265 Code pén., d'après la généralité de ses termes, doit
avoir pour but de protéger les citoyens contre *toutes atteintes*
qui pourraient menacer leurs personnes ou leurs biens.

ATTROUPEMENTS. — § 10. — Tout attroupement où
rassemblement est défendu, et doit être dissipé, conformément à la loi.

Lois des 10-24 août, 21 octobre 1789; 16-24 août 1790; 18
juillet 1791; 26-27 juillet, 3 août 1791; 1er germinal an iii; 10
vendémiaire an iv. — Arrêté du gouvernement du 14 brumaire
an vii. — Ordonnance royale du 29 octobre 1820. — Loi 10 avril
1831. — Art. 209 et suiv. C. pén. — Loi du 9 juin 1848.

Le fait seul d'avoir été arrêté dans un attroupement qui n'est pas
dissipé sur les sommations de l'autorité, ne donne lieu à aucune
peine, si ces sommations n'ont pas été faites par un officier municipal décoré de son écharpe, ou si elles n'ont pas été précédées
d'un roulement de tambour ou d'un son de trompe, lorsque d'ailleurs rien n'établit qu'il y ait eu impossibilité de remplir ces formalités (Loi 10 avril 1831 : S. 34. 1. 574). Lorsque, par son imprudence, un commissaire de police chargé de diriger des troupes
pour dissiper un attroupement, s'est mis dans l'impossibilité de

faire les sommations légales avant qu'il y ait eu choc entre les militaires et les citoyens, et que, par suite de ce choc, des blessures ont été faites, ce défaut de sommation constitue, à l'égard du commissaire de police, quelles que soient d'ailleurs ses bonnes intentions, le délit prévu par les art. 319, 320 C. pén. Peu importe aussi qu'il ait assayé de suppléer à l'avertissement légal par des cris ou des exhortations. (S. 32, 2, 453).

Cas où l'on peut faire usage de la force publique pour dissiper les attroupements. — Quels sont les officiers de police qui peuvent faire les sommations? (V. Foucart, t. 1, p. 241, 242). A la loi du 10 avril 1831, il faut joindre, pour la compléter, la loi du 24 mai 1834, sur les détenteurs d'armes de guerre; l'art. 5 de cette loi complète l'art. 8 de la première, et tous les deux deviennent applicables en cas d'attroupement, quand cet attroupement, par sa résistance à la seconde sommation et son but politique, est devenu un mouvement insurrectionnel.

AUBERGISTES, HÔTELIERS, LOGEURS. — § 11. — Tout individu venant de l'intérieur, entrant à Bordeaux, sera tenu de présenter, dans les vingt-quatre heures, un passeport régulier à la Mairie.

Les maîtres de postes, propriétaires, directeurs, conducteurs de voitures publiques, de bateaux, etc., ne pourront transporter des voyageurs non munis de passeports. Ils sont tenus de transmettre chaque jour à la Mairie la liste contenant les noms et qualités de tous les voyageurs partant ou arrivant.

Injonction aux maîtres de postes, aux directeurs, etc., d'envoyer, chaque jour, à la préfecture, la liste des voyageurs partant. Les agents de l'autorité assisteront au départ des voitures, et s'assureront que les voyageurs sont munis des titres nécessaires. Ils pourront s'opposer au départ, en cas de contravention.

Dispositions applicables à tous les voyageurs partant de Bordeaux, dont les passeports ne seraient pas revêtus du *visa* de la Mairie.

Les militaires ou marins en congé ne peuvent résider dans la ville, si les congés ne sont visés.

Défense à tout individu de loger sans permission de la Mairie; attestation de moralité et de moyens d'existence.

Obligation des logeurs d'avoir un registre timbré, paraphé par le Maire ou ses adjoints. Inscription obligatoire sur ce registre des noms, prénoms, âge, qualité, profession, domicile habituel et date d'entrée de tous les individus logés, même pour une nuit. Lieu d'où ils viennent, où ils vont; durée de leur séjour.

Obligation aux logeurs de faire viser au commissaire, le jour même ou le lendemain de l'arrivée des voyageurs, le registre sur lequel doit se trouver l'inscription. Lors de la visite des agents de l'autorité, ils seront tenus d'exhiber leur livre.

Les voyageurs régnicoles ou étrangers, voyageant en France ou venant de l'étranger, déposeront leurs passeports à la Mairie.

Les maîtres d'hôtels, etc., préviendront l'autorité de l'enseigne par eux adoptée. Ils feront inscrire ces mots : *Ici on loge,* ou *chambres garnies à louer* ; lettres de onze centimètres de hauteur.

Hôteliers et logeurs sont responsables des désordres et délits commis dans leurs maisons par les personnes qui y logent, à moins qu'ils n'en fassent connaître les auteurs et complices.

Tout individu non domicilié à Bordeaux devra se pourvoir d'un permis de séjour.

Arrêté du Maire 25 mai 1818. — Lois des 19-22 juillet 1791, 10 vendémiaire an 4. — Arrêté du gouvernement du 2 germinal an IV. — Lois du 28 germinal an VII, 25 frimaire an VIII, art. 2, 25 juin 1824, art. 3; 154 et 475, n. 2 et 386, § 4 du Code pénal, art. 1952, 1953, 1954 du Code civ. — Lois 22 nivôse, 23 fructidor an XIII, 18 septembre 1807.

Le règlement de police qui prescrit *à tous les habitants* de faire la déclaration des étrangers qui viendraient s'établir chez eux à résidence, serait non obligatoire en tant qu'il comprendrait les maisons particulières; mais il n'en doit pas moins, malgré sa trop grande généralité, recevoir son exécution à l'égard de ceux dont la maison est ouverte au public, tel qu'un cafetier-logeur (S. 38. 1. 979). Le règlement de police qui enjoint aux habitants d'une ville de déclarer les étrangers qui logent chez eux, excède les pouvoirs de l'autorité municipale et dès-lors n'est pas obligatoire (S. 33. 1. 874).

Il en est de même du règlement qui prescrit aux sages-femmes de déclarer à l'autorité municipale les femmes enceintes, étrangères à la ville, qui viendraient chez elles faire leurs couches (S. 33. 1. 197). La contravention à un règlement de police enjoignant aux logeurs de remettre tous les jours à la police un bulletin du mouvement de leur maison, ne peut être excusée sur le motif qu'un agent de la police avait, le jour même, visité le registre du contrevenant (S. 37. 1. 832).

Les aubergistes sont tenus d'inscrire, sur le registre prescrit par l'art. 475 du Code pén., les noms des personnes qu'ils logent, bien que ce soit des pensionnaires, et que ces aubergistes ne reçoivent pas habituellement chez eux les passants ou voyageurs. (S. 37. 1. 272).

Pour qu'il y ait lieu à responsabilité de la part de l'aubergiste, à l'égard des effets apportés chez lui (Code civ. 1952), il n'est pas nécessaire que le voyageur ait séjourné dans l'auberge. (S. 34. 2. 286).

Le mot *effet* de l'art. 1962 Code civ., qui déclare les aubergistes ou hôteliers, responsables, comme dépositaires, des effets apportés par les voyageurs, est une expression générique qui comprend les marchandises, les animaux et tous autres objets. (Même arrêt que ci-dessus).

L'aubergiste est civilement responsable des effets qui ont été volés au voyageur descendu dans l'hôtellerie, quoiqu'il n'ait pas eu connaissance du dépôt de ces effets. (Toullier, t. 11, p. 249).

Les aubergistes ne sont pas responsables de la perte de valeurs considérables, apportées par les voyageurs, et que ceux-ci n'ont point déclarées; la responsabilité doit être restreinte à la somme jugée nécessaire aux voyageurs, et qui peut être considérée comme faisant partie de leurs bagages. (S. 37. 2. 78).

L'aubergiste est responsable du vol commis sur une voiture laissée forcément à l'extérieur de sa maison, par un voiturier logé chez lui (S. 39. 2. 264; Duranton, t. 18, n. 83).

Le Code pénal fait peser sur les hôteliers et aubergistes une responsabilité distincte, dans trois cas différents: l'art. 475, n. 2, les punit d'une simple amende, lorsqu'ils négligent d'inscrire sur leurs registres les noms des personnes qui ont passé une nuit dans leurs maisons; l'art. 73 les déclare responsables des suites civiles des crimes ou des délits qui auraient été commis par une personne logée dans leurs auberges, *et dont l'inscription n'aurait pas été faite sur leurs registres;* enfin l'art. 154 prévoit et punit, non la simple omission de l'inscription, mais l'inscription faite sciemment sous des noms faux ou supposés. Dans ce cas, ils sont considérés comme complices du crime ou du délit. Les vols commis par eux, des choses déposées dans leurs auberges, sont punis de la réclusion, et, par tout autre personne, d'une peine correctionnelle. (V. Faustin Hélie et Chauveau, *Th. C. pén.* t. 7, p. 48-49).

Un arrêté municipal ne peut étendre l'obligation de l'inscription à d'autres personnes que les aubergistes et logeurs, les hôteliers ou loueurs de maisons garnies. En effet, il s'agit ici d'une disposition pénale; on doit nécessairement la restreindre au cas qu'elle exprime. (Cass. 14 décembre 1832; J. C. t. 4, p. 352).

Les dispositions de la loi ne s'appliquent qu'aux personnes qui font le métier ou profession de loger des étrangers pour un temps plus ou moins long, dont les maisons sont publiques et à tout venant, et qui enfin sont patentables à raison de la profession qu'elles exercent. (Cass. 29 avril 1831, *J. du Palais*, t. 23, p. 1527. — V. Faustin Hélie et Chauveau, *Th. C. pén.* t. 8, p. 370).

L'obligation de l'inscription existe à l'égard de toute personne qui a couché ou passé une nuit dans la maison ; cette obligation existe même à l'égard des personnes qui ont leur domicile habituel dans l'auberge. (Arr. de Cass. 28 mai 1825 ; *J. du Palais*, 3ᵐᵉ éd. t. 19, p. 529).

BALS PUBLICS ET PARTICULIERS. — §. 12. —Défense de tenir une salle de danse ou bal public sans l'autorisation écrite de la Mairie.—Fermeture des bals à onze heures du soir, à moins d'une permission spéciale ; nul ne pourra s'y rendre travesti, déguisé ou masqué. —Une garde doit veiller au maintien de l'ordre. — Il est interdit de laisser pénétrer dans les salles des individus porteurs de cannes, bâtons, armes ou éperons ; exception en faveur des officiers de la ligne en service.

Privilége des bals masqués en faveur des directeurs de théâtres.

Arrêté du Maire 31 décembre 1839. — Lois des 16-24 août 1790, 19-22 juillet 1791, 18 juillet 1837. — Arrêté du 16 juillet 1810. — Art. 9 du décret du 8 juin 1806.—*Droits aux bureaux de charité* : Lois 7 frimaire an v, 8 thermidor an v, 6 complémentaire an vii, 7 thermidor an viii, 21 ventôse an ix, 9 fructidor an ix, 18 thermidor an x. — Circulaires ministérielles des 26 fructidor an x, 24 juin 1827, 2 août 1829. — Duquenel, t. 1, p. 224-562.

Le règlement de police qui défend l'ouverture des bals publics, sans une autorisation préalable, rentre dans les attributions de l'autorité municipale, et dès-lors, est obligatoire, tant qu'il n'a pas été modifié ou rapporté par l'autorité supérieure (Cass. 33.

1, 648 ; 32, 1, 189; 33, 1, 879). Les tribunaux ne peuvent refuser effet obligatoire à un tel règlement, sous prétexte qu'il aurait
été rendu en vue d'un intérêt privé, et non en vue de l'intérêt
public (Cass. 37. 1. 461). Lorsqu'un arrêté de l'autorité municipale a défendu de donner des bals publics, sans autorisation,
il y a contravention à cet arrêté de la part du cabaretier qui,
sans autorisation, donne à danser dans son établissement, encore
bien qu'il n'exige aucune rétribution de ceux qui sont admis
à ce bal (Cass. 35. 1. 740). L'arrêté du maire qui défend les
bals et les réunions particulières de plus de vingt personnes,
sans autorisation, sortant du cercle des pouvoirs attribués à l'autorité municipale, n'est pas obligatoire. (Cass. 35. 1. 122).

BATEAUX A VAPEUR. — § 13. — (Voir *Police admi-
nististrative ; — Police du port.*

BATELEURS, BALADINS, SALTIMBANQUES, CHANTEURS,
CHANSONS, etc. — § 14. — Il est défendu de s'établir sur
la voie publique, pour y exercer une profession quelconque, sans autorisation préalable de la Mairie.

Défense est également faite de vendre des drogues, mé-
dicaments ou plantes médicinales, de tenir des jeux de
loteries ou tous autres jeux de hasard, et de s'introduire
chez les habitants pour leur proposer de prendre des nu-
méros à ces loteries.

Il est interdit à tous musiciens, physiciens, escamo-
teurs ou saltimbanques, de stationner dans les rues étroi-
tes, d'embarrasser la voie publique, de troubler la tranquillité des habitants par le bruit prolongé ou trop fré-
quemment renouvelé de leurs instruments. — Défense de
s'arrêter près des édifices publics.

Les propriétaires de bêtes féroces ou animaux malfaisants devront les museler et les attacher, sous leur responsabilité, et les faire rentrer avant la chute du jour.

Toute chanson obscène ne peut être chantée ou distri-
buée sur la voie publique. Les marchands colporteurs ne
pourront entrer dans les maisons sans y être appelés.

Les marchands de livres ou estampes ne pourront exposer sur la voie publique, de manière à gêner la circulation. — Exposition de phénomène désagréable à la vue,
interdite.

Arrêté du 18 janvier 1838.
Lois des 19-22 juillet 1791, 21 germinal an xi, 21 mai 1836,
18 juin 1837.

BÊTES FÉROCES. — § 15. — (Voir *Combats d'animaux*,
Bateleurs, *Saltimbanques*, etc.

BIJOUTIERS, ORFÉVRES. — § 16. — (Voir *Police administrative*; *Matières d'or et d'argent*.

Décret du 28 floréal an XIII. — Ordonnances, 5 mai 1820 et
26 décembre 1827. Les obligations des orfévres sont réglées par
les articles 72 à 79 de la loi du 19 brumaire an VI; celle des
joailliers par les art. 86, 87, et celles des marchands ambulants
d'ouvrages d'or et d'argent, par l'art. 92.

Les contrevenants encourent, pour la première fois, une
amende de 200 fr.; pour la deuxième, une amende de 500 fr.,
avec affiches à leurs frais de la condamnation, dans toute l'étendue du département; la troisième fois, l'amende est de 1,000 fr.
et le commerce de l'orfévrerie leur est interdit, sous peine de
confiscation de tous les objets de leur commerce. (80, 88, 94 *id.*).

Les art. 73 à 80 sont applicables aux fabricants et marchands
de galons, tissus, broderies ou autres ouvrages en fil d'or ou
d'argent. Ceux qui vendent pour fins des ouvrages en or ou argent, encourent, outre la restitution de droit à celui qu'ils ont
trompé, une amende qui est de 200 fr. pour la première fois, de
400 pour la seconde, avec affiches de la condamnation, aux frais
du délinquant, dans tout le département, et la troisième fois, une
amende de 1,000 f. avec interdiction de tout commerce d'or et

d'argent. (Art. 81.—Voyez *Police administrative; Matières d'or et d'argent*).—Les commissaires de police, maires et adjoints sont incompétents pour constater les contraventions commises par les orfèvres domiciliés; mais non pour celles commises par les marchands ambulants. (V. Mangin, *Traité des Procès-verbaux*, n. 10).

Billardiers. — § 17.—Voir *Cafés, Restaurants*, etc.; *Cabarets*, etc.

Bruits et Tapages. — § 18. — Après dix heures du soir, défense est faite de parcourir la ville, soit isolément, soit en groupes, en chantant des chansons quelconques, ou en proférant des cris.

Nul ne pourra donner des sérénades après dix heures du soir sans permission de l'autorité. Défense de permettre, dans les lieux publics (foires ou marchés), tous cris, chansons bruyantes, désordres ou rixes. Défense de donner des charivaris, de former des attroupements tumultueux sur la voie publique. Défense aux entrepreneurs, ouvriers, etc., d'employer des machines pouvant produire des percussions ou bruits extraordinaires, de neuf heures du soir à quatre heures du matin, depuis le 1er avril jusqu'au 31 septembre; et de neuf heures du soir à cinq heures du matin, du 1er octobre au 31 mars.

Arrêté du Maire 27 octobre 1840.—Loi des 16-24 août 1790, 19-22 juillet 1791; 28 pluviôse an VIII et 13 juillet 1839; 10 juillet 1831. — Art. 330, 376, 48, 471, n. 11; 479, n. 8 du Code pén. L'art. 479, n. 8 du Code pénal, qui punit les auteurs ou complices des bruits injurieux ou nocturnes, s'applique à tous les individus qui font partie du rassemblement. (Cass. 24 janvier 1835 : J. C. n. 1570). Lorsqu'il est établi que des individus se sont rendus coupables de bruits et tapages *injurieux* ou *nocturnes*, le tribunal de police ne peut renvoyer les prévenus de

la poursuite, sous prétexte que ces bruits n'étaient pas de nature à troubler la tranquillité des habitants. (Cass. 8 octobre
1832 : J. C. n. 1061). Il n'y a pas tapage nocturne punissable,
si le bruit ne provient pas d'un fait personnel et volontaire de
la part du prévenu. (Cass. 28 juin 1839 : J. C. n. 2561). La
peine de l'amende est toujours encourue par le contrevenant ;
celle de l'emprisonnement est seule facultative. (Cass. 13 mai
1831 : J. C. n. 705). Les cris affreux et bizarres que poussent
les boulangers en pétrissant leur pain, peuvent constituer la
contravention. (Cass. 21 novembre 1828 : D. 29. 1. 25).

Pour que la contravention existe, il n'est pas nécessaire que
les bruits soient commis par des attroupements ; on doit entendre par bruits ou tapages en général, tous les bruits ou tapages de quelque nature qu'ils soient, et de quelque manière qu'ils
soient produits, car la loi est absolue et sans restriction. Cependant, les travaux d'un menuisier, à quatre heures du matin,
ceux d'une fabrique, à la même heure, ne peuvent constituer
aucune contravention, quand aucun règlement n'a fixé l'heure
de ces travaux. (Cass. 12 sept. 1822 : J. P. t. 7. p. 612 ; — 16
avril 1825 : Bull. n. 77). Les bruits ne constituent la contravention, qu'autant qu'ils ont troublé la tranquillité des habitants ; il suffit que les bruits ou tapages aient été constatés. Ce
n'est que lorsqu'ils ont troublé la tranquillité des habitants qu'ils
sont punissables ; la loi ne punit pas seulement les auteurs des
bruits, elle punit aussi les complices. Qu'entend-on par complices ? (Faustin Hélie, *Th. Code pén.* t, 8, pages 405 à 411).

BUREAUX DE PLACEMENT. — DOMESTIQUES ET OUVRIERS.
§ 19. — Obligation à toute personne de déclarer à la
Mairie qu'elle veut tenir un bureau de placement. Défense aux directeurs de bureaux de placement de loger
ou nourrir des ouvriers ou domestiques sans place, sans
déclaration préalable. Il est ordonné aux directeurs de
tenir un registre à colonnes, où ils inscriront les noms,
prénoms, âges, lieu de naissance, et dernier domicile

des domestiques ou ouvriers qui se présenteront pour être placés ; le nom de leur dernier maître, et celui chez lequel ils doivent entrer. Ils devront produire ce registre à toute réquisition des agents. — Les directeurs devront réclamer un livret aux domestiques et ouvriers. Ce livret devra être régulier. L'indemnité entre le placeur et le placé se règlera de gré à gré.

Arrêté du Maire du 22 mai 1841.—Lois des 19-22 juillet 1791, 18 juillet 1837.— Arrêtés du gouvernement, 9 frimaire an xii, 22 germinal an xi. — Décrets des 3 octobre 1810 et 25 septembre 1813.

———

Cafés, Billards, Cabarets. — § 20. — Les personnes qui désireront exercer la profession de restaurateur, cabaretier, cafetier, limonadier, billardier, vendeur de bière au détail, d'eau-de-vie, liqueurs, etc., seront tenues d'en faire la déclaration écrite à la Mairie. Elles devront produire la patente à l'appui. Un changement de ces industries donne lieu à la même déclaration. L'ouverture de ces établissements ne pourra avoir lieu avant le jour, et ils devront être fermés à onze heures du soir, en toute saison. La Mairie pourra faire fermer ces établissements de meilleure heure, s'ils donnent lieu à quelque plainte. Défense de donner à boire ou à manger après les heures prescrites. Défense à tout individu de se trouver, après la fermeture, dans ces établissements s'il y est étranger. Défense de conserver des militaires après l'heure de la retraite ou de les recevoir.

Il est ordonné aux chefs d'établissement de placer une enseigne au-dessus de leur porte. Cette enseigne sera soumise à l'autorité. Il est ordonné aux billardiers d'afficher dans leur établissement une règle du jeu. Défense aux chefs d'établissement de recevoir chez eux les enfants au-dessous de quinze ans, à moins qu'ils ne soient accompagnés d'un parent ou ami d'un âge mûr. Les billardiers afficheront dans un endroit apparent le prix de chacune de leurs parties ; les cabaretiers, débitants, etc., le prix de leur consommation. Il est enjoint aux chefs de ces établissements de s'opposer aux discours offensant les mœurs, aux scandales, etc. ; ils sont responsables.

Arrêté du Maire du 24 février 1835. — Lois des 16-24 août 1790, 19-22 juillet 1791. — Ordonnances des maires et jurats de Bordeaux des 18 oct. 1731 et 5 janvier 1739. — Ordonnance du commissaire-général de police du 21 floréal an x. — Arrêté du Maire du 15 février 1806. — Lois des 2-17 mars 1791 et 1er brumaire an VII. — Art. 484 du Code pénal.

Si un nouveau règlement de police fixe l'heure de la fermeture des lieux publics, sans parler de l'heure de leur ouverture, les anciens règlements qui déterminent l'heure à laquelle cette ouverture était permise, continuent de plein droit de subsister. (C. pén. 471 : S. 33. 1. 870).

La contravention à un règlement de police fixant l'heure de la fermeture des lieux publics, ne peut être excusée sous prétexte que les individus qui y ont été trouvés après l'heure fixée, n'y étaient que pour traiter d'affaires, et que le maître du lieu n'a agi que par complaisance pour eux. (Lois 24 août 1790, tit. 2, art 3 ; 22 juillet 1791, tit. 1, art. 46. — C. pén. 65 : S. 31. 1. 272).

Le cafetier chez qui des individus ont été trouvés jouant après l'heure fixée par un règlement de police pour la fermeture des lieux publics, ne peut non plus être excusé sur le motif que les personnes qui jouaient chez lui n'avaient pas voulu s'en aller (S. 33. 1. 592).

Des individus trouvés chez un cafetier après l'heure fixée par un règlement de police pour la fermeture des lieux publics, ne peuvent être excusés, ni sous prétexte qu'ils n'étaient pas dans les salles du café, mais dans la chambre à coucher du cafetier, ni sous prétexte non plus qu'ils avaient été invités par lui. (S. 33. 1. 320).

L'infraction à un règlement de police qui ordonne aux cafetiers, cabaretiers, etc., de fermer chaque jour leur établissement à une certaine heure, ne peut davantage être excusée sur le motif que les personnes trouvées réunies chez le contrevenant étaient de ses parents ou de ses amis célébrant une fête, et qu'elles n'étaient pas d'ailleurs dans la partie du local où se réunissent ordinairement les consommateurs. (S. 40. 1. 891).

L'arrêté municipal portant défense à tout cafetier et cabaretier de tenir, à poste fixe dans son établisssement, des musiciens, chanteurs, etc., est pris dans la limite des pouvoirs confiés à l'autorité municipale, et dès-lors, est obligatoire. (S. 38. 1. 744).

Est obligatoire le règlement de police qui défend aux cafetiers, cabaretiers, etc., de loger chez eux des filles publiques, et d'établir des communications intérieures entre les établissements qu'ils tiennent et les chambres qu'elles habitent (S. 36. 1. 955).

L'autorité municipale peut, par des arrêtés, prohiber, dans les cafés et autres lieux publics, tous les jeux de cartes sans distinction. (S. 37. 1. 831).

Les règlements de police, qui soumettent la tenue des billards publics à la nécessité d'une autorisation préalable de l'autorité municipale, sont obligatoires. (Loi 2-17 mars 1791, art. 7 : S. 35. 1. 298).

L'infraction à un arrêté de police qui prescrit aux aubergistes, cabaretiers, etc., de tenir une lanterne allumée à leur porte, depuis le coucher du soleil jusqu'à une certaine heure, ne peut être excusée sous le prétexte qu'à l'instant où cette infraction a été constatée, il faisait encore jour. (S. 38. 1. 987).

CHANSONS OBSCÈNES. — § 21. — Voir *Affiches*, *Crieurs publics*.

CHIFFONNIERS. — § 22. — Les chiffonniers seront tenus de se pourvoir d'une plaque à la Mairie. Ils décla-
reront leurs noms, prénoms, âge, lieu de naissance et
demeures. Défense leur est faite de cacher leurs plaques,
de les changer ou de les transmettre des uns aux autres.
En cas de perte de plaque, une déclaration est indispensable. Il en sera délivré une autre. Ceux qui s'absente-
raient de la ville ou qui voudraient cesser leur état,
seront tenus de le déclarer, et de remettre leur plaque.
Il leur est interdit d'exercer leur industrie avant le jour,
et d'enlever ou déchirer des affiches placardées sur les
murs de la ville.

Arrêté du Maire du 12 juillet 1859. — Lois des 19-22 juillet
1791; 28 pluviôse an VIII, et 18 juillet 1837.

CLUBS. — §. 23. — Tout club est interdit.

Proclamation sur les clubs du 19-22 avril 1848 : B. 29, n. 247.
— Prohibition des délibérations armées (*id.*). — Dissolution des
clubs, 22 et 27 mai 1848 : B. 36, n. 404 et 405. — Dispositions
réglementaires : Décret sur les clubs, 28 juillet et 2 août 1848 :
B. 56, n. 601. (V. *M.* 12, 23, 25, 26, 27, 28, 29 juillet 1848). —
L. 19-22 juin 1849 (*Interdiction*).
Loi du 6 juin 1850. — Prorogation de la loi du 19 juin 1849,
qui donne la faculté de suspendre le droit d'ouvrir des clubs, et
qui étend cette mesure aux réunions électorales.

COLPORTAGE. — DISTRIBUTION D'ÉCRITS. — § 24. — Nul
ne peut exercer la profession de colporteur sans autorisation préalable.
Voir *Affiches, Crieurs publics.*

Décret du 9 août 1848. — Loi du 21-23 avril 1849 *(Pénalité)*, et loi des 27 et 29 juillet 1849.

Loi 2 mars 1791. — Circ. de police du 11 avril 1816, 7 avril 1819.—L. therm. an iv.—Arrêté direct. du 5 nivôse an v.—Règlement de 1723.—Ordonnance du roi 1732.—Lois du 5 ventôse an v, 10 déc. 1830, 16 février 1834, 27 juillet 1849, et celle du 15 frimaire an vi.

De ces trois dernières lois, il résulte que nul ne peut exercer, même temporairement, la profession de vendeur ou de distributeur sur la voie publique d'écrits, dessins, sans autorisation préalable de l'autorité municipale ou préfectorale qui, suivant les circonstances, peut la retirer.

Arrêt de la cour de Bordeaux, 15 février 1850. V. *Journ. du Palais*, 1850 : *Danna* contre le Ministère public.

COMBATS D'ANIMAUX. — § 25.—Les combats de chiens et de tous autres animaux sont expressément défendus dans toute l'étendue du territoire de la commune.

Il est encore défendu d'exciter les chiens à se battre dans les rues, de les faire courir et de les mettre en fureur.

Défense est faite d'introduire dans la ville des ours ou autres animaux féroces, sans qu'ils soient renfermés dans des cages dont la solidité devra être constatée par des gens de l'art.

Arrêté du Maire du 24 mai 1844.
Lois des 16-24 août 1790; 19-22 juillet 1791 ; 18 juillet 1837. — Art. 471, n. 15; 475, n. 7; 479, n. 2, et 482 du Code pénal.

COMMISSIONNAIRES, PORTEFAIX ET DÉCROTTEURS. — § 26. — Les portefaix, scieurs et serreurs de bois, dé-

crotteurs et frotteurs, sont tenus de se pourvoir à la
Mairie d'une plaque numérotée, qui leur sera délivrée
sans frais. Ces plaques seront portées ostensiblement et
ne seront point échangées. Il sera fait déclaration de la
perte d'une plaque.

La plaque sera remise, en cas de cessation de travail.

Une autorisation spéciale est nécesaire aux portefaix
qui voudront travailler de nuit. Il est interdit aux portefaix d'entrer dans les bateaux et autres lieux sans y
être appelés, et de s'opposer à la libre faculté qu'ont les
particuliers de faire travailler qui bon leur semble; aux
commissionnaires ou garçons d'hôtel, de gêner la circulation des voitures, et de se livrer à aucun acte sus-
ceptible d'occasionner des accidents, en se portant au-
devant de ces voitures publiques, pour exciter les voyageurs à se rendre dans un hôtel de préférence à un
autre. Il leur est interdit de monter sur le marche-pied
des voitures, et de prendre, de vive force et sans y être
invités, les effets des voyageurs. Les hôteliers seront civilement responsables.

Ordonnances des Jurats, 30 déc. 1784; du Maire, 10 mai
1790; du commissaire-général de police, 24 floréal an XIII.—
Arrêtés du Maire, 7 novembre 1809, 15 janvier 1812. —Lois
des 19-22 juillet 1791, 22 pluviôse an VIII et 18 juillet 1837.
—Art. 1384 Code civil. —Arrêtés du Maire, 17 nov. 1834, 4
mai 1839.

COMPAGNONS. — § 27. — Voir *Ouvriers.*

CONDAMNÉS LIBÉRÉS. — SURVEILLANCE DE LA HAUTE-
POLCE. — § 28. — Certains condamnés libérés sont
soumis à la surveillauce de la haute-police.

Code pén. de 1791. — Décrets des 19 ventôse an XIII et 17 juillet 1806. — C. pén. 1810, art. 44, 45, 46. — Loi 28 avril 1832, art. 40 et suiv.

La surveillance de la haute-police est une peine accessoire, restrictive du droit de locomotion, à laquelle sont soumis certains condamnés.

Les mendiants et vagabonds doivent être soumis à cette surveillance (S. 44. 1. 150). Le Code pénal a étendu cette peine à une foule de délits qui ne semblent pas tous la nécessiter. Voyez les art. 58, 100, 107 et 108, 138, 221, 246, 271, 282, 308, 309, 314, 317, 326, 335, 343, 401, 416, 419, 420, 444 et 452).

Les passeports sont marqués pour les condamnés libérés : d'une F, pour les forçats; d'une R, pour les réclusionnaires; d'un C, pour les condamnés.

Communes dont le séjour est interdit aux libérés en état de surveillance.

DÉPARTEMENTS.	VILLES, COMMUNES OU LOCALITÉS.
AISNE	Arrondissement de Château-Thierry. Le canton de Villers-Cotterets.
BOUCHES-DU-RHÔNE	Aix. — Marseille.
CHARENTE-INFÉRIEURE	Rochefort.
CORSE	Interdiction pour les habitants du pays.
FINISTÈRE	Brest. — Lambezelles.
GIRONDE	Bordeaux.
HAUTE-GARONNE	Toulouse.
ISÈRE	Villeur-Bannes. Venissieu. Bron.
LOIRE	St.-Etienne. Valbenoîte. Moutaud. — Outre-Furens. Beaubrun.
LOIRE-INFÉRIEURE	Nantes. Doulon.-St.-Sébastien. Bezé. — Chautenay.

DÉPARTEMENTS.	VILLES, COMMUNES OU LOCALITÉS.
Marne.............................	Rheims.
Manche...........................	Cherbourg.
Morbihan......,...............	Lorient.
Nord............................,......	Lille.
Oise.	Arrondissement de Compiègne.
	Arrondissement de Senlis.
Rhin (Bas)...,.....................	Strasbourg.
Rhin (Haut).....................	Mulhouse.
Rhône...........................	Lyon.
	La Guillotière.
	La Croix-Rousse.
	Vaisse.
	Caluire.
	Ste-Foi.
	Oullins.
Seine.............................	Tout le département.
Seine-et-Marne...............	Tout le département.
Seine-et-Oise...............	Tout le département.
Seine-Inférieure.	Le Havre.
Var..............................	Arrondissement de Toulon.
Vienne (Haute)...............	Limoges.
Algérie....	Interdite aux condamnés Maltais.

DÉBITANTS DE BOISSONS.—§ 29. — Voir *Octroi*, *Cafetiers*, *Restaurateurs*, etc.

DÉBITANTS DE POUDRE. — § 30. — Voir *Artifice*, *Armes*, etc.

DOMESTIQUES. — § 31. — Tous les individus voulant se placer en qualité de domestiques à gages, sont tenus de prendre, chez le commissaire de police de leur quartier, un livret sur lequel seront inscrits leurs noms prénoms, âge, lieu de naissance, demeure et signalement.

Ils se présenteront ensuite au bureau de la police de

sûreté, où ils seront inscrits sur un registre, et leur livret sera soumis au *visa* du Maire.

Les livrets seront délivrés : 1° aux domestiques sans
place, sur un certificat de leur dernier maître, ou sur
l'attestation de témoins domiciliés qui garantiront la
moralité du réclamant; 2° aux individus non originaires
de la ville arrivant à Bordeaux, sur l'exhibition de leur
passeport, et sur un certificat de bonne conduite délivré
par le Maire de leur commune.

Tout domestique devra exhiber son livret en se présentant chez un maître. Sur ce livret sera inscrit le
congé du dernier maître, visé par le commissaire de
police.

Les domestiques servant depuis cinq ans le même maître ne sont tenus à prendre un livret que du jour où ils
sortiront de chez lui.

Nul ne pourra prendre de domestiques sans livret. Le
livret restera déposé entre les mains du maître.

Sur le refus du maître de signer un congé, le commissaire de police visera le livret sur les informations qu'il
aura recueillies.

Il ne sera délivré de nouveau livret que sur la représentation de l'ancien. Il est défendu aux domestiques de
louer aucune chambre ou cabinet à l'insu de leur maître,
et sans avoir prévenu le commissaire de leur arrondissement. Il est aussi défendu aux propriétaires de louer
aux domestiques sans autorisation; et aux domestiques,
de déposer leurs effets ailleurs que chez leur maître actuel, à moins du consentement de celui-ci. Tout domestique sans place pendant plus d'un mois, sera tenu de
quitter Bordeaux, ou de justifier de moyens d'existence.

Toute plainte en vol domestique sera portée au commissaire de police.

Arrêté du Maire 16 janvier 1838.—Décrets des 3 octobre 1810 et 25 septembre 1813.

Les domestiques ne sont pas les mandataires tacites de leurs maîtres pour acheter à crédit les objets nécessaires à l'entretien de la maison. Ainsi, le maître qui a remis à son domestique l'argent nécessaire pour acheter les provisions du ménage, n'est pas responsable vis-à-vis des fournisseurs qui ont livré les provisions à crédit.—C. civ. 1334 et 1998.—S. 38. 2. 218.

Un jardinier loué, à tant par année, est un domestique à gages, que le maître peut renvoyer dès qu'il a contre lui de justes sujets de plainte, sans être tenu de lui payer aucune indemnité ou dommages-intérêts.—C. civ. 1780.—S. 38. 1. 155.

Les clercs et les commis de bureaux peuvent être réputés domestiques, et, comme tels, justiciables des juges-de-paix à raison des contestations relatives à leur engagement.—Carré, *Comp. civ.*, t. 2, n. 449.

Les contestations pour salaire entre maîtres et domestiques se portent devant le juge-de-paix du domicile du maître, si l'action est intentée par le domestique; si c'est par le maître, devant le juge-de-paix du lieu où le domestique a travaillé. — Fouché, *Com. sur la loi* de 1838, n. 224, 225.— *Contra*, Carré, *Comp.*, t. 6, p 275.

Le juge-de-paix est incompétent pour connaître de l'action intentée par le domestique qui réclame, non seulement ses gages ou salaires, mais encore et conjointement, le remboursement d'avances faites pour son maître pour des causes se rapportant à son service.—S. 1. 1. 639 ou 1. 2. 639.

ENFANTS TROUVÉS, PERDUS *ou* ABANDONNÉS. —§ 32. — Toute personne qui présentera, à l'hospice civil de Bordeaux, un enfant trouvé, sera conduite devant le commissaire de police, à l'effet de donner les renseignements nécessaires à la rédaction du procès-verbal prescrit par l'art. 9 du titre 3 de la loi du 20 septembre 1792. Les enfants abandonnés ne seront reçus à l'hospice que sur la présentation d'un acte de notoriété du juge-de-paix ou du Maire, constatant l'absence des parents ou l'impossibilité de recourir à eux. Nul enfant ne sera reçu sans l'avis du Préfet; cependant, provisoirement, il sera admis à l'hospice jusqu'à décision.

Arrêté du Préfet du 3 avril 1840.
Art. 9 du titre 3 de la loi du 20 septembre 1792. — Art. 55, 56 du C. civ.—Art. 345, 346, 347, 348, 349, 350, 351, 352, 353 C. pén.—Décret du 19 juin 1811. —Inst. minis. du 8 fév.1825.
Voir notamment L. du 27 frimaire an v *(Admission dans les hospices. Tutelle).*—Loi du 30 ventôse an v *(Education).*—Arr. 25 floréal an 8 *(Paiement des mois de nourrice).* — Arr. du 25 vendémiaire an x *(Mode de paiement des dépenses).* — Loi du 15 pluviôse an xiii *(Tutelle).*
Les *enfants trouvés* sont ceux qui, nés de père et mère inconnus, ont été trouvés exposés dans un lieu quelconque ou portés dans les hospices destinés à les recevoir; — *Abandonnés,* sont ceux qui sont délaissés dans quelque lieu que ce soit par les père et mère connus, sans qu'on sache ce que ces derniers sont devenus.

FAUSSES NOUVELLES. — § 33. — V. *Alarme.*

FERMETURE DES PORTES D'ENTRÉE DES MAISONS PENDANT LA NUIT.—§. 34. —Les portes d'entrée des maisons, des allées de traverse, ou issues quelconques donnant sur la voie publique, seront fermées pendant la nuit, au plus tard depuis dix heures du soir, du 1er novembre au 31 mars, et depuis 11 heures, du 1er avril ou 31 octobre de chaque année.

Les portes ne doivent point s'ouvrir du dehors sans l'aide d'une clef.

Arrêté du 22 mai 1844.—Lois des 14 décembre 1789,16 août 1790, 22 juillet 1791 et 18 juillet 1837.—Art. 471 n. 15 du C. p.

Le propriétaire d'une maison dont la porte a été trouvée ouverte après l'heure fixée par un règlement de police, est responsable de cette contravention, lors même qu'il n'habite point sa maison (S. 37. 1. 168).—Même décision (S. 41. 1. 80).

L'infraction à un règlement de police qui ordonne à tous les propriétaires ou locataires de fermer la porte de l'allée de leur maison, peut être poursuivie contre un seul ou plusieurs des locataires.— Il n'est pas nécessaire de mettre en cause tous les locataires indistinctement : S. 38. 1. 803. L'autorité municipale peut prescrire, par un arrêté, à un particulier, la clôture d'un terrain qui se trouve ouvert sur la voie publique (S. 37. 1. 827).

Un tribunal de police ne peut se dispenser de punir la contravention à l'arrêté d'un maire qui, dans l'intérêt de la sûreté publique, ordonne à un particulier de clore un terrain touchant à la voie publique, sous prétexte que cet arrêté porterait atteinte au droit de propriété. (L. 16-24 août 1790 ; 19-22 juillet 1791 : S. 37. 1. 502).

FILLES PUBLIQUES. — MAISONS DE DÉBAUCHE. — § 35. — Toute femme se livrant notoirement à la prostitution publique, est réputée fille publique, et sera enregistrée comme telle, soit sur sa demande, soit d'office, au bureau de police de sûreté.

Une fille publique ne sera enregistrée d'office que lorsque l'administration aura acquis la certitude qu'elle se livre manifestement à la débauche. Cette certitude s'acquerra lorsqu'une fille aura été arrêtée plusieurs fois pour faits de prostitution.

La mesure de l'enregistrement consiste dans l'inscription, sur un registre particulier destiné à cet usage, des nom, prénoms et signalement, de l'âge, du lieu de naissance, et des motifs qui ont déterminé la fille à se prostituer.

Toute fille non enregistrée qui sera surprise dans une maison de débauche, sera conduite au dépôt de la Mairie et visitée par l'un des médecins de la Mairie.

Lorsqu'elle sera reconnue atteinte de maladie syphilitique, elle sera immédiatement transférée à l'hospice des vénériens.

L'inscription des filles mineures domiciliées ne sera définitive que lorsque leurs père, mère ou tuteur auront refusé d'employer les mesures coërcitives pour les empêcher de se livrer à la débauche, etc. Les filles mineures étrangères à la ville seront renvoyées dans leurs familles.

Une demande au Maire sera nécessaire pour la radiation de l'inscription.

Les individus tenant maison de débauche sont assujétis à la tenue d'un registre dont la formule sera délivrée à la Mairie.

Ils ne pourront recevoir aucune femme ou fille, sans l'avoir préalablement déclarée à la police.

On ne peut donner à boire dans les maisons de prostitution.

Les cabaretiers ne recevront point de filles publiques dans leurs maisons.

Les filles publiques seront tenues de déclarer leur changement de domicile.

Il est interdit aux filles publiques :

De sortir de leur demeure après dix heures du soir;

De s'arrêter dans les rues ou sur les places publiques ;

De sortir de chez elles, ou de se présenter à la fenêtre dans un état peu décent; de tenir en public des propos obscènes; d'accoster les hommes sur la voie publique, ou de les appeler de chez elles par signes;

De se montrer en public dans un état d'ivresse;

De fréquenter des maisons de prostitution tenues clandestinement.

Elles ne doivent point accoster les militaires dans les lieux publics, devant les casernes ou corps-de-garde, ni les garder chez elles après l'heure de la retraite.

Les prostituées sont divisées en deux classes :

Les isolées ; — les filles de maisons.

Les isolées auront un domicile particulier.

Les filles de maisons seront placées sous la dépendance d'une maîtresse de maison de prostitution.

Elles ne pourront se loger que dans les rues désignées par la police.

Les maisons clandestines seront immédiatement fermées.—Les agents de l'autorité pourront entrer à toute heure dans ces maisons. Les maîtresses de maisons tolérées seront responsables des désordres commis par leurs femmes. Leur permission leur sera retirée.

Les maisons de rendez-vous sont assimilées aux maisons tolérées, et soumises aux mêmes mesures.

Le 6e arrondissement de police, à Bordeaux, est affecté aux maisons publiques ; les rues seront désignées par le Maire.

Les filles publiques seront visitées deux fois dans le mois, par un médecin, ainsi que les servantes des maisons, au-dessous de 45 ans.

Celles atteintes de maladies vénériennes seront envoyées à l'hospice.

Arrêtés des 21 janvier 1839, 12 juillet 1841 ; 8 avril 1843, mai 1847, 11 décembre 1847, 20 décembre 1848.—Art. 13 et 14 du précis des règlements de police de Bordeaux, du 12 juin 1759.—Lois des 24 avril 1790, 22 juillet 1791, 5 brumaire an ix et 18 juillet 1837.—Art. 330 et suivants C. pén.—Ordonnance royale du 4 septembre 1816.

Les filles publiques sont soumises à des règlements particuliers qui ne peuvent atteindre les autres filles autorisées par la police à se livrer à la prostitution, et qui ne sont tolérées que dans l'intérêt de la société. Celles-ci prennent un engagement volontaire, et se soumettent à la visite et à l'application des peines disciplinaires que les filles publiques peuvent chaque jour encourir.

Quant aux filles mineures, l'administration doit, avant de les inscrire sur le registre des filles publiques, consulter les parents. Si, sur l'avis qui leur est donné, ils gardent le silence, elles doivent subir l'inscription; l'intérêt public l'exige; cette inscription facilite leur surveillance et prévient les inconvénients de la débauche clandestine.

Ce qui constitue la fille publique, la prostituée, d'après le message du directoire exécutif au conseil des Cinq-Cents, de nivôse an IV, c'est la récidive, le concours de plusieurs faits particuliers légalement constatés; la notoriété publique, l'arrestation et le flagrant délit prouvé par des témoins autres que le dénonciateur et l'agent de police; c'est alors qu'elle doit être inscrite.

L'autorité municipale peut, par un règlement de police, défendre aux cafetiers, limonadiers, etc., de loger chez eux des filles publiques et d'établir des communications intérieures entre les établissements qu'ils tiennent et les chambres qu'elles habitent (S. 36. 1. 955).

Le fait d'avoir favorisé ou facilité habituellement la débauche de filles mineures, ne peut être excusé sur le motif que ces filles mineures étaient inscrites à la police, comme filles publiques, et se trouvaient munies de livrets (S. 32. 2. 56. — Même décision : S. 27. 1. 525).

Est légal et obligatoire l'arrêté qui, dans l'intérêt de l'ordre public et des mœurs, défend aux filles publiques de stationner pendant le jour sur la voie publique et de sortir de leurs demeures après les heures fixées dans cet arrêté. Cass. 23 avril 1842.

FRAUDE SUR LES OCTROIS. — § 36. — Voir *Débitants de boissons, Cafetiers, Restaurateurs*, etc.

Lois du 2 vendémiaire an VIII, 27 frimaire an VIII. — Ordonnance 9 décembre 1814. — Lois 24 mai 1834, 29 mars 1832 et 28 avril 1816.

Les contestations civiles sur l'application ou la quotité des droits d'octroi, appartiennent au juge-de-paix, à quelque somme que le droit contesté puisse monter (22 vendémiaire an VIII, art. 1er).

Les amendes encourues sont prononcées par les tribunaux de simple police ou de police correctionnelle, suivant la quotité de la somme (L. 27 frimaire an VIII, art. 17. — Ordonnance 9 décembre 1814, art. 78, et loi du 22 vendémiaire an VIII, art. 2).

En cas de contestation, les porteurs ou conducteurs d'objets soumis aux droits d'octroi, sont tenus de consigner, entre les mains du receveur, le droit exigé (22 vendémiaire an VIII, art. 3).

L'opposition avec violence et voies de fait à l'exercice des employés de l'octroi, est passible, tout à la fois, d'emprisonnement et d'amende. La condamnation à l'amende peut, en ce cas, être poursuivie par le Maire de la commune ou le régisseur de l'octroi, même après le jugement qui, sur la poursuite du ministère public, a prononcé la peine de l'emprisonnement (S. 40. 1. 996).

GENDARMERIE. — § 37.

Lois des 16 janvier, 16 février 1791 *(Organisation)*; 26 juillet, 3 août 1791 *(Moyens à employer pour dissiper les attroupements)*; 26 septembre, 6 octobre 1791, 14-29 avril 1792 *(Nouvelle organisation)*; 28-29 juillet 1792 *(Passeports)*. — Code du 3 brumaire an IV. — Arr. du 20 pluviôse an IV; 25 pluviôse an V *(Réorganisatisation)*; 28 germinal an VI, 22 frimaire an VII. — Arr. du 12 thermidor an IX, du 12 vendémiaire an XI. — Décret du 4 août 1806 *(Nuit)*. — Décret du 11 avril 1810, du 10 avril 1812. — Ordonnance du 11 juillet 1814 *(Organisation)*; du 10 septembre 1815 *(Division en 24 légions)*; ordonnance 2 août 1818; ordonnance du 29 octobre 1820 *(Code de la gendarmerie)*.

Les procès-verbaux des gendarmes sont dispensés de la formalité de l'affirmation (Mangin, *Procès-verbaux*, n° 86).

Les procès-verbaux des gendarmes ne sont pas nuls bien que rédigés par un seul gendarme ou signés par un seul, quoiqu'ils relatent que deux gendarmes ont concuru à leur rédaction (*idem*).

Les gendarmes ont qualité pour constater toute contravention aux règlements de police, commises dans la circonscription de leur brigade. Leurs procès-verbaux font foi jusqu'à preuve contraire. A cet égard, les gendarmes doivent être rangés dans la classe des agents dont parle l'art. 154 C. inst. crim. — Lois 28 germinal an 6, art. 129, 130.—S. 39. 1. 713. — 40. 1. 788.

L'institution de la gendarmerie est de la plus grande utilité. On conçoit que de bons esprits soient partagés sur la plupart des institutions, parce que chacune d'elles peut être également l'objet de l'approbation et du blâme, suivant le point de vue sous lequel on le considère; d'ailleurs le bon usage ou l'abus a nécessairement pour résultat, soit de profiter des choses qui paraissent inutiles ou même dangereuses, soit de pervertir et de corrompre les meilleures institutions.

Pour celui qui veut se considérer comme individu plutôt que comme membre de la grande famille ; pour celui qui n'hésite pas à sacrifier tous les autres intérêts à l'intérêt de la liberté individuelle, la gendarmerie est une création du despotisme, un instrument docile entre les mains du pouvoir, un fardeau onéreux pour l'État, en même temps qu'un fléau pour les simples citoyens.

Mais ceux qui attachent du prix à la sûreté des personnes et de la propriété, ceux qui pensent qu'un grand État a besoin d'une surveillance active et instantanée sur tous les points du territoire ; qu'il faut une force imposante pour seconder l'action de la justice et assurer l'exécution de ses jugements; qu'il importe à l'intérêt public de prévenir certains crimes et d'assurer la prompte répression de ceux qui ont été commis; ceux en un mot qui ne préfèrent pas, comme l'anglais, donner leur bourse aux voleurs plutôt que de payer une force armée pour veiller à la sûreté des citoyens, ceux-là, dit M. Coffinières, considèrent la gendarmerie comme une institution utile.

Il est impossible de méconnaître les services essentiels que rend la gendarmerie sur tous les points du territoire; c'est à sa surveillance active et journalière que l'on doit la sécurité des routes et des chemins publics, la dispersion des vagabonds, des gens sans aveu et des brigands souvent organisés en bande, qui sont le fléau de la plupart des États de l'Europe. C'est encore à la gendarmerie, considérée comme le bras de la justice, que l'on doit la conservation de ce principe tutélaire qui proclame l'égalité de tous devant la loi ; car, le puissant comme le faible doit céder à l'autorité légale, quand elle est d'ailleurs appuyée sur la force ; enfin, c'est à ce corps que l'on doit le maintien de la police et du bon ordre au sein de la population nombreuse de nos grandes cités.

La gendarmerie est donc une institution essentiellement utile, si elle est bien pénétrée de ses devoirs et de ses droits ; si, en faisant tout ce que la loi exige, elle ne fait rien au-delà (V. *Liberté individuelle*, Coff. t. . 2)

HOSPICES. — § 38.

Les hospices de Bordeaux sont au nombre de huit :

1° Le grand hôpital Saint-André, placé sous la surveillance de l'Administration des hospices, est ouvert à tous les individus des deux sexes, pour les maladies ordinaires ;.

2° L'hospice des Vieillards est destiné à recevoir les indigents domiciliés à Bordeaux depuis 20 ans et âgés de plus de 60 ans ;

3° L'hospices des Enfants-Trouvés est destiné à recevoir les enfants-trouvés ou abandonnés ; on y reçoit également les orphelins indigents de la commune et les enfants appartenant à des parents qui se trouvent dans l'impossibilité de les nourrir ;

4° L'hospice de la Maternité reçoit les femmes enceintes parvenus au neuvième mois de leur grossesse ;

5° L'Asile des Aliénés reçoit indistinctement tous les individus atteints d'aliénation mentale.

6° L'hospice S¹. Jean est destiné aux malades des deux sexes domiciliés à Bordeaux, atteints d'affections syphilitiques.

7° Le dépôt de Mendicité est destiné à recevoir les mendiants que l'autorité ne juge pas convenable de déférer aux tribunaux.

8° Bureau de Bienfaisance. Il y en a un dans chaque arrondissement chargé de la distribution des secours à domicile.

JEUNES DÉTENUS. — § 39.

Circul. du minis. de l'intérieur, 7 décembre 1840, au préfet.—
Circulaire du ministre de la justice, 6 avril 1842.

Les commissaires de police doivent avoir le soin de joindre à leurs procès-verbaux, chaque fois qu'ils défèrent à M. le Procureur de la République de jeunes détenus mineurs de 16 ans, tous les renseignements qui ont pour objet d'éclairer la justice sur leur position. Ceux à fournir et indiqués par la circul. minist. du 6 avril 1842, sont :

1° Les nom et prénoms du prévenu, date précise de sa naissance ;

2° S'il a commencé l'apprentissage de quelque métier ;

3° S'il a des parents, indiquer le degré de parenté ;

4° La conduite et le caractère des parents : quels sont leurs moyens d'existence ;

5° Le domicile du prévenu ; la conduite et le caractère des personnes chez lesquelles il se trouvait ;

6° Quels étaient, avant la prévention, les antécédents du prévenu ;

7° S'il a suivi ou non une école ; s'il sait lire et écrire ; pendant combien de temps il a suivi ses leçons.

Aux termes d'une instruction de M. le Préfet de la Gironde, en date du 7 avril 1843, les commissaires de police doivent recueillir, à l'égard des jeunes détenus envoyés dans la maison centrale d'éducation correctionnelle, en vertu des art. 66 et 67 C pén., des renseignements plus étendus, afin de mettre l'autorité supérieure à même de donner à ces jeunes enfants la meilleure direction possible dans la maison de correction où ils sont dirigés. (V. cette circul.).

Les mineurs envoyés dans les maisons d'éducation correctionnelle, à la requête de leurs parents, par ordonnance du Président, en exécution de l'art. 375 et suiv. du C. civ., doivent y être entretenus aux frais de leurs familles, à moins d'indigence constatée ; dans ce cas, et après que l'autorité municipale s'est entourée des renseignements nécessaires, les enfants peuvent être entretenus aux frais de la ville.

INSTRUMENTS BRUYANTS. — § 40. — Défense est faite de jouer de toute espèce d'instruments bruyants ou incommodes , avant 6 heures du matin et après 9 heures du soir, en toute saison.

Voir *Bruits* et *Tapages*, etc.

Arrêté 22 mai 1844. — Lois des 16-24 août 1790, 19-22 juillet 1791, 18 juillet 1837.—Arrêté du 27 octobre 1840.—Art. 471, n. 15 et 479 n. 8 du Code pénal.

JEUX (maison de), JEUX DE HASARD, JEUX SUR LA VOIE PUBLIQUE. — § 41. — Il est interdit de tenir des maisons de jeux d'aucune espèce, sans autorisation de la Mairie, et aux chefs d'établissements publics de laisser jouer aux cartes sans une permission écrite.

Les jeux sur la voie publique sont défendus.

Arrêté du Maire 16 décembre 1839. — Lois des 16-24 août, 19-22 juillet 1791, 18 juillet 1836.—Art. 410, 475 et 477 du Code pénal.

Tous jeux publics sont prohibés depuis le 1er janvier 1838, d'après l'art. 10 de la loi des finances du 18 juillet 1836.

Les garçons de salle des maisons de jeu clandestines doivent être réputés agents de ces établissements, et, comme tels, punis des peines portées par l'art. 410 C. pén. (S. 38.1.622 ; 38. 1.274).

Les sommes trouvées dans les poches des maîtres ou agents d'une maison de jeu, doivent être confisquées comme celles qui se trouveraient matériellement exposées au jeu, s'il est constaté

que ces sommes appartenaient à l'établissement et étaient destinées à tenir les enjeux (S. *idem*).

La confiscation des appareils de jeux ou de loterie établis sur
la voie publique doit être prononcée, alors même qu'il n'y a pas
lieu à l'emprisonnement contre le contrevenant, et cette peine
ne peut être modifiée ou remise. (S. 33. 1. 510).

L'autorité municipale peut, par des arrêtés, prohiber, dans
les cafés et autres lieux publics, tous les jeux de cartes sans distinction (S. 37. 1. 831). Morin dit, dans son dictionnaire, au mot
jeux prohibés, que le jeu d'écarté, joué dans un lieu public, peut
être considéré comme un jeu de hasard, s'il est prohibé par un
règlement local. — Arrêt du 14 novembre 1840 de la cour de
cassation.

LIBRAIRIE, IMPRIMEURS, CABINETS DE LECTURE, PRESSE.
— § 42. —Il est interdit aux libraires, aux colporteurs
et aux personnes tenant cabinets de lecture, de vendre, de
distribuer ou d'exposer des livres ou écrits contraires aux
lois et aux bonnes mœurs.

Sur la police de l'imprimerie et de la librairie antérieurement
à 1789, voyez les règlements des 28 février 1723, 24 mars 1744.

Depuis on peut consulter : Décret 2-17 mars 1791 (*Liberté des
professions*); constitution du 3 septembre 1791 *(Liberté de la
presse)*; constitution du 5 fructidor an III. — Lois 28 germinal
an IV (*Restrictions*); 19 fructidor an V (*Suspension*).—Arrêtés 23
brumaire an VI, 15 frimaire an VI (*Crieurs et Colporteurs*), 27 nivôse an VIII (*Limitation des journaux*).—Décret du 5 février 1810
(*Police de l'imprimerie et de la librairie*), 3 août 1810 (*Journaux
des départements*), 11 juillet 1812 (*Brevet de libraire*). — Charte
constitutionnelle 4 juin 1814 (*Liberté de la presse*), 10 juin 1814
(*Suspension provisoire*).

Lois 21 octobre 1814, 17 mai 1819, 21 mars 1822, 9 septembre 1835; art. 283 et suivants. C. p.—Instruction de M. le Préfet de la Gironde du 3 août 1838, concernant les obligations des

imprimeurs et libraires. — Lois 27-29 juillet 1849; 21-23 avril 1849 (*Pénalité*).—Décret du 9 août 1848

Aux termes de la loi du 21 octobre 1814, nul ne peut exercer la profession d'imprimeur s'il n'est breveté par le Roi et assermenté. Les personnes tenant cabinet de lecture sont soumises à la même obligation. Le brevet accordé doit être enregistré au tribunal civil. Ce brevet peut être retiré.

Chaque imprimeur est tenu d'avoir un registre ou catalogue des ouvrages qu'il imprime ou qu'il met en vente, et de faire le dépôt préalable de deux exemplaires au secrétariat de la Préfecture.

LOGEMENTS MILITAIRES. — § 43. — V. *Police militaire.*

LOTERIES. — § 44. — Les loteries sont défendues, à l'exception seulement de celles d'objets mobiliers exclusivement destinées à des actes de bienfaisance ou à l'encouragement des arts.

Lois du 21-23 mai 1836. — Ordonnance royale 17 juin 1844 (*Autorisation*).—Circulaire ministérielle 22 décembre 1845.

L'arrêt du conseil du roi du 20 septembre 1776, qui défend de publier ou afficher, dans le royaume, aucune loterie étrangère, est encore en vigueur, et sa prohibition s'applique à l'annonce de loteries étrangères faites dans les journaux. Les contraventions, à défaut de peines spéciales prononcées par cet arrêt du conseil, tombent sous l'application des peines de police prononcées par l'art. 471, n. 15 C. pén., contre ceux qui violent les règlements légalement faits par l'autorité administrative (S. 35. 1. 912;—36. 2. 81).

L'art. 410 C. pén., qui prohibe tout établissement de loterie non autorisé, comprend les loteries d'immeubles comme les loteries d'objets mobiliers.

MASQUES, TRAVESTISSEMENTS. — § 45. — Hors le temps

de carnaval, les mascarades et travestissements publics sont expressément défendus.

En carnaval, les mascarades et travestissements en réunion, ne pourront avoir lieu que sur une autorisation de la police.

Les personnes masquées ou travesties ne pourront porter des armes.

Tout travestissement de nature à troubler l'ordre et la décence sont prohibés, et particulièrement les mascarades ou caricatures injurieuses pour le gouvernement, les cultes et leurs ministres. Celles qui tendraient à outrager une certaine classe de la société par des allégories sont également prohibées. Il est défendu d'insulter provoquer ou invectiver qui que ce soit.

Les personnes masquées ne devront point gêner la circulation, soit à cheval ou en voiture. Toute offense à la morale sera réprimée. Les masques ne devront pas s'introduire dans les habitations.

Lois des 19-22 juillet 1791, 17 juillet 1837. — Arrêté du 17 mai 1841.

MATIÈRES D'OR ET D'ARGENT. — § 46. — V. *Bijoutiers, Orfévres.*

Déclaration du roi du 26 janvier 1749 *(Tenue du registre).*— Loi 19 brumaire an VI, art. 72 à 79 *(Orfévres);*—86 et 87 *(Joailliers);*—92 *(Marchands ambulants).* Les art. 73 à 81 sont applicables aux fabricants et marchands de galons. Les obligations des fabricants de plaqué et doublé d'or et d'argent sont réglées par les art. 97 et 98.

Le règlement du 26 janvier 1749 est maintenu par la loi des 19-22 juillet 1791, et non abrogé par celle du 19 brumaire an VI. Il est encore aujourd'hui obligatoire (Cass. 24 août 1838 : J. crim. art. 2349.

Les art. 80, 94, 108, 109, 110 de la loi du 19 brum. an vi font connaître les peines qu'encourent : 1° les fabricants, propriétaires ou détenteurs d'objets achevés et *non marqués*, ou marqués d'un faux poinçon ou d'un poinçon soudé ou contre-tiré ; 2° les individus qui, sans être préposés par l'administration, appliquent même de véritables poinçons.

Un bijoutier étranger, porteur d'objets achetés en France dépourvus de poinçons légaux, pour être vendus à l'étranger, encourt l'amende et la confiscation des objets saisis. (Cass. 19 mai 1858).

Les objets achetés par un bijoutier, et non susceptibles d'être remis en vente, doivent être brisés et rompus, aux termes de l'ordonnance de 1749, qui est toujours en vigueur. (Cass. 10 juin 1830).

Tout individu qui travaille les matières d'or et d'argent pour le compte d'autrui, est soumis aux mêmes obligations exigées pour les orfèvres ou bijoutiers. (Cass. 24 septembre 1830).

Les art. 101 et suivants de la loi du 19 brumaire an vi, indiquent les formes des saisies et poursuites.

Les procès-verbaux des employés font foi jusqu'à inscription de faux ; ils doivent être dressés de suite et sans déplacement.

La *régie*, en cas de nullité du procès-verbal, doit être admise à établir l'existence de la contravention par tous les moyens possibles. (Cass. 12 juillet 1824).

MENDICITÉ, VAGABONDAGE. — § 47. — La mendicité est interdite dans la ville de Bordeaux. Les mendiants en récidive seront déférés au Procureur de la République. Les étrangers recevront des passeports.

Arrêté du 12 avril 1827. — Arrêté du 6 septembre 1830. — Art. 274 du C. pén.

Outre la peine portée par l'art. 276 du C. pén., pour fait de mendicité, le renvoi sous la surveillance de la haute police doit être prononcé contre les individus qui s'en sont rendus coupables. (Cass. 25 mars 1843).

Ouvriers. — § 48. — Il est interdit à tous ouvriers se qualifiant de *compagnons du devoir*, de paraître dans les rues, places et autres lieux publics, avec les signes de leur prétendue corporation.

Tous ouvriers, compagnons ou garçons devront se pourvoir d'un livret auprès du commissaire de leur arrondissement. Ils devront faire viser, dans les trois jours de leur arrivée, le livret qui leur aura déjà été delivré.

Les commissaires exigeront la régularité du livret ; le visa du dernier maître est indispensable.

Les chefs d'ateliers, manufacturiers, etc., se feront remettre, par l'ouvrier ou garçon qu'ils voudront occuper, le livret où ils inscriront le jour de l'entrée et feront viser par le commissaire de police.

Nul maître ne pourra recevoir un ouvrier, si le livret de celui-ci ne contient pas le congé du dernier maître.

Tout ouvrier sortant d'un atelier fera viser son livret par le commissaire de police.

L'ouvrier voyageant sans livret est réputé vagabond.

Les pères et mères ou tuteurs des enfants employés dans les manufactures, usines ou ateliers, devront être munis d'un livret où seront inscrits l'âge, les nom et prénoms, le lieu de naissance, le domicile de l'enfant, et le temps pendant lequel il aurait suivi l'instruction primaire.

Arrêtés du Maire 31 juillet 1821, 24 octobre 1839.

Loi du 17 juin 1791. — Ordonnance de police du 15 messidor an VIII. — Art. 12 et 13 du tit. 3 de la loi du 22 germinal an XI. — Arrêtés du gouvernement des 9 frimaire et 10 ventôse an XII. — Art. 471, n. 15 du C. pén. — Arrêté municipal du 8 octobre 1831. — Loi 18 juillet 1837.

Art. 219, 386, 414, 415, 416 et 418 du C. pén. — Circulaire du Maire en date du 31 mars 1842. — Loi du 22 mai 1841.

L'autorité a le droit, de requérir les ouvriers, chacun à leur tour, de faire les travaux nécessaires pour l'exécution des jugements criminels. (Loi 22 germ. an iv et art. 475, n. 12 C. pén.). En cas de refus des ouvriers, ils seront condamnés à trois jours de prison. En cas de récidive, de dix jours à un mois. (*Id.*).

L'arrêté administratif ou municipal qui prescrit une retenue sur le salaire des ouvriers, pour fournir des secours aux blessés, est illégal et non obligatoire, comme réglementant des intérêts purement privés. (S. 38. 1. 740).

L'autorité municipale ne peut légalement prescrire aux chefs d'ateliers de ne recevoir aucun ouvrier non muni d'une carte de sûreté, et sans en avoir fait la déclaration au bureau de police. (S. 39. 1. 631).

La qualité d'ouvrier ou de serviteur à gages est une circonstance aggravante du vol. (C. pén. 386), et même de l'abus de confiance. (C. pén. 408).

PASSEPORTS. — § 49. — Voir *Condamnés libérés.*

Lois des 28 mars et 19 juillet 1792 ; 10 vendémiaire an iv ; 28 vendémiaire an vi. — Art. 153, 154 et 155 C. pén.

PERMANENCE. — § 50. — Chaque commissaire de police, à tour de rôle, sera de service pendant 24 heures au bureau de la permanence de la Mairie. Il sera chargé : de la garde des clefs du beffroi, du soin de faire sonner la grosse cloche, selon la gravité du cas d'incendie qui lui sera dénoncé ; — de donner avis du sinistre au chef des pompiers et aux autorités compétentes ; — de la première direction des forces et secours. — En cas d'alerte en plein jour, pour quelque émeute ou rassemblement, le commissaire de permanence devra envoyer des forces sur le point menacé et prévenir immédiatement le commissaire du quartier où le fait se passera. Pour tous les événe-ments de quelque gravité, il devra également informer M. le Maire et l'adjoint chargé de la police de sûreté.

Aucun prisonnier ne sera admis au dépôt de la Mairie sans un billet d'admission du commissaire de permanence sous sa responsabilité.

Cette disposition ne sera pas applicable lorsque le pri-sonnier sera conduit sur l'ordre de magistrats. Il ne pourra alors le mettre en liberté.

Il dressera chaque matin la feuille des prisons, qui doit être soumise à M. l'Adjoint délégué pour la police de sûreté. Cette feuille sera remise à neuf heures du matin.

Le commissaire de permanence recevra, de jour ou de nuit, toutes personnes qui le demanderont. Il recevra toutes les plaintes qui lui seront portées.

Il donnera des ordres pour l'escorte des convois de poudre.

Il transmettra, à ses collègues de service aux théâtres, l'affiche des représentations, etc.

Les commissaires de police sont dispensés du service de la permanence depuis dix heures du matin jusqu'à quatre heures de l'après-midi, sauf les dimanches et fêtes. Ils devront faire un rapport des événements survenus, qu'ils adresseront à l'adjoint chargé de la police de sûreté.

Arrêtés municipaux des 25 vendém. an xiv, 28 février 1834 et 24 avril 1841.

POLICE MILITAIRE. — § 51. — Tout habitant de Bor-deaux auquel il aura été envoyé des militaires, ne pourra, sous aucun prétexte, se dispenser de les loger, à moins qu'il ne soit indigent et hors d'état de loger. — Un certificat de voisins et du commissaire du quartier sera nécessaire. Il devra être renouvelé chaque année.

Les habitants dont les maisons seraient fermées verront loger les militaires à leurs frais.

Loi du 23 janvier 1790 ; lois des 10 juillet 1791, 23 mai 1792. Règlement du 25 fructidor an VIII, art. 8 et 9.—Arrêtés du Maire 30 novembre 1830 et 5 mai 1847.

L'arrêté du 5 mai 1847 règlemente la caserne de passage et fixe les prix à payer par l'habitant qui ne veut pas loger :

Logement d'un colonel et de ses domestiques :

pour un jour. .... F.	6	» c.
pour deux jours.	10	»
pour trois jours.	12	»

D'un lieutenant-colonel, chef de bataillon ou d'escadron, major, et leurs domestiques :

pour un jour...............	6	»
pour deux jours...........	7	»
pour trois jours......... ...	9	»

Logement d'un trésorier, capitaine, adjudant-major, chirurgien-major et leurs domestiques :

pour un jour...............	5	»
pour deux jours...........	6	»
pour trois jours...........	7	»

Logement d'un lieutenant, sous-lieutenant, et leurs domestiques :

pour un jour...............	4	»
pour deux jours...........	5	»
pour trois jours...........	6	»

Logement d'un sous-officier : pour chacun des deux

premiers jours...............	1	»
pour chaque jour en sus...	»	75

Logement d'un cavalier ou fantassin : pour chacun

des deux premiers jours..	1	»
pour chaque jour en sus..	»	50

La répartition du logement des militaires de passage, chez les habitants de Bordeaux, sera basée sur le chiffre de la valeur locative à laquelle chacun d'eux est imposé.

Ainsi, pour les habitants imposés à une cote personnelle et mobilière sur une valeur locative :

de 150 à 500 fr. 2 militaires.
501 à 1,000 » 4 *id.*
1,001 à 1,500 » 6 *id.*
1,500 à 2,000 » 8 *id.*
au-dessus de 2,000 » 10 *id.*

La cour de cassation a jugé que le refus d'un habitant de fournir le logement prescrit par un arrêté municipal constituait l'infraction punie par l'art. 471, n. 15 C. p. (Cass. 14 mars 1834).

POLICE DU PORT. — § 52. — Les marins qui voudront faire le passage d'une rive du fleuve à l'autre, le transport des voyageurs, marchandises ou effets, dans les communes voisines, devront se munir d'une autorisation du Maire, visée par le commissaire-général de la marine.

Tout débit de vin, liqueurs et comestibles est interdit à tout propriétaire ou patron d'embarcation dans les limites du port de Bordeaux.

Il est défendu de donner à boire ou à manger à bord de toute embarcation quelconque, stationnant dans la rade ou s'échonant sur les quais ou vases.

Lois des 16-24 août 1790; 19-22 juillet 1791; 2-17 mars 1791; 1er brumaire an VII. — Décrets du 25 avril 1808; 9-13 août 1791. — Arrêtés des 28 septembre 1815 et 22 mai 1832.

PRISONS : *Dépôt de sûreté de la Mairie.* — § 53. — Le concierge du dépôt de la Mairie sera tenu d'avoir un registre signé et paraphé à toutes les pages par M. le juge d'instruction, pour inscrire les détenus. Il aura un second

registre également signé et paraphé par le Maire sur chaque page pour inscrire les individus qui seront détenus
dans la prison municipale.

Dès qu'un individu sera écroué à la mairie par ordre
de l'autorité, le concierge inscrira ses nom, prénoms et
profession, âge, lieu de naissance, etc. Les hommes, les
femmes et les enfants seront séparés et ne pourront com-
muniquer ensemble sous aucun prétexte.

Les filles ou femmes arrêtées pour prostitution seront
aussi séparées des autres détenus.

Le concierge et le guichetier auront soin, lorsque deux
ou plusieurs détenus seront conduits dans la prison, à
raison du même délit, de les tenir séparément. Les détenus pourront se promener.

L'appel des détenus se fera deux fois par jour. Après
l'appel du soir, ils seront tenus de rentrer dans leurs
chambres.

Nul ne pourra visiter un prisonnier sans permission
spéciale du Maire. — Le concierge ne peut donner à boire
ou à manger sans autorisation spéciale. Il pourra louer
des lits à 1 fr. par détenu ou 1 fr. 50 par deux. — Le
concierge fournira les aliments aux détenus par autorité
consulaire, à raison de 1 fr. 25 par jour.

Le commissaire de permanence fera chaque jour une
visite de la prison. La prison devra être entretenue dans
un état complet de salubrité. — Le concierge sera humain
envers les détenus. Il lui est interdit de recevoir aucune
rétribution.

Actes de constitution du 22 frimaire an VIII ; — Art. 608 à 619,
C. I. crim. ; art. 120 du C. pén. — Arrêté du 1er janvier 1851. —
Arrêté du Préfet du 24 juin 1836. — Arrêté du Maire du 29 nov,

1838;—et le règlement général des prisons du ministre de l'intérieur en date du 29 novembre 1838.

REVENDEURS, BROCANTEURS. — § 54. — Les marchands ambulants, colporteurs, marchands de vieux habits, commissionnaires, etc., exerçant des professions sur la voie publique, ne pourront stationner, pour s'y livrer à leur industrie, dans les rues et sur les cours ou places de notre ville, sans y être autorisés par le Maire.

Ils devront se munir d'une autorisation qui fixera le lieu où chacun d'eux pourra stationner.

Toute personne exerçant à Bordeaux la profession de fripier, revendeur, brocanteur ou ferrailleur, sera tenu de se conformer aux dispositions de l'art. 51 des règlements de police de Bordeaux du 12 juin 1759, sous peine d'être poursuivis. Voir *Matières d'or et d'argent*, notes.

12 Juin 1759, règlement de police. — Lois des 14 décembre 1789, 16 août 1790, 22 juillet 1791, 18 juillet 1837. — Art. 471 C pén. — Arrêtés du Maire des 13 juin 1845 et 7 déc. 1846.

L'article 51 du règlement de police du 12 juin 1759 porte:

Il est défendu aux orfévres, joailliers, potiers-d'étain, plombiers et fripiers de rien acheter de personnes inconnues sans un répondant domicilié, connu et solvable, et, en particulier, des enfants, serviteurs et domestiques, sans l'aveu de leurs parents, maîtres et chefs de maison, à l'effet de quoi lesdits marchands seront tenus d'inscrire exactement sur leur registre leurs achats, avec les noms, qualités et demeures des vendeurs ou de leurs répondants.

THÉATRES, CIRQUE, CASINO. — § 55. — Tout signe d'approbation ou d'improbation qui serait de nature à troubler la représentation pendant les débuts ou lors de la rentrée d'un artiste, à l'un des théâtres de Bordeaux, est formellement interdit.

Aucune manifestation contraire ou favorable à l'artiste débutant ou rentrant ne pourra lui être adressée que pendant les dernières scènes de son rôle, lors de chaque début ou rentrée.

Les acteurs et actrices ayant droit à trois débuts, l'admission ou le rejet d'un artiste ne pourra être prononcé qu'à la troisième épreuve, à moins que l'autorité en ordonne autrement dans l'intérêt de l'ordre.

Il est défendu de siffler (Arr. 9 mai 1844).

Il est défendu de former des rassemblements à la porte du théâtre et sous les pérystiles extérieurs.

Les voitures se rangeront à la file, par ordre de premier occupant.

La distribution des billets au bureau aura lieu demi-heure avant de lever du rideau, les jours de représentation ordinaire, et une heure avant, les dimanches et jours de représentation extraordinaire.

Un quart d'heure avant l'ouverture des bureaux de distribution, la garde du théâtre devra être rendue.

Les dimanches et fêtes et jours de représentation extraordinaire, des barrières seront placées devant les bureaux.

Il ne pourra être distribué dans les bureaux que le nombre de billets égal à celui des spectateurs que la salle peut contenir.

Il est défendu aux buralistes de délivrer plus de six billets au même individu.

Nul ne pourra vendre de contremarques devant la porte du théâtre sans permission de la Mairie.

Cette autorisation ne sera accordée qu'aux personnes

domiciliées à Bordeaux, et sur la production d'un certificat de moralité.

Les vendeurs de contremarques devront se munir d'une plaque numérotée qu'ils porteront attachée d'une manière apparente à leurs vêtements. Il leur est interdit de stationner sous les pérystiles des théâtres, d'en embarrasser les abords et d'obséder les personnes se rendant au spectacle ou en sortant.

Ils ne pourront trafiquer que des contremarques.

Nul ne peut entrer au spectacle que par les portes principales, affectées au public, à l'exception des artistes et autres personnes employées au théâtre qui passeront par celles qui leur sont assignées.

Pendant toute la durée du spectacle, les portes de communication de la salle aux appartements, aux foyers particuliers et aux loges des artistes seront exactement fermées.

Il est défendu d'amener des chiens ou autres animaux dans la salle; d'entrer dans la salle avec des cannes ou des bâtons.

Il est interdit de garder des places; chaque individu ne pourra garder qu'une seule place jusqu'au lever du rideau.

Il est défendu de suspendre les chapeaux ou autres objets dans l'intérieur des loges, sur les colonnes et aux parties latérales du parterre.

Il est interdit de troubler le spectacle par des cris, huées, vociférations, d'interrompre les acteurs et de faire du bruit dans les corridors.

Les signes d'approbation ou d'improbation qui occasionneraient du tumulte et du désordre sont interdits.

Il est défendu de s'introduire d'une loge dans une autre, principalement dans les loges louées.

Défenses sont faites de s'asseoir sur le devant des galeries, de se tenir debout à l'amphithéâtre, au parquet et au parterre pendant la représentation, et d'en obstruer les issues.

Il ne sera joué sur les théâtres que des pièces annoncées par les affiches du jour, à moins d'un empêchement subit jugé légitime par l'autorité.

Il est défendu d'en demander d'autres ainsi que des airs nationaux ou autres.

Il est défendu de jeter des billets ou autres objets sur la scène.

Il ne pourra être vendu dans la salle que le programme du spectalce.

Les personnes indécemment vêtues ne seront pas admises.

Les femmes publiques ne seront admises qu'aux secondes et aux places fixées par l'autorité.

Il est défendu d'avoir du feu dans la salle et de se faire apporter aucun rafraîchissement lorsque le rideau sera levé.

Il est défendu de fumer dans les dépendances du théâtre.

Les acteurs et actrices qui ne seront point appelés en témoignage de satisfaction ne pourront se présenter sur la scène sans la permission de l'autorité.

Le commissaire de police se tiendra dans la loge des premières qui lui est réservée.

Le lever du rideau aura lieu à l'heure indiquée par l'affiche; chaque entr'acte ne pourra durer plus d'un quart d'heure.

L'intervalle entre deux pièces ne pourra durer plus de demi-heure.

Le spectacle sera terminé à 11 heures en toute saison, à moins de circonstances particulières, et sauf l'autorisation écrite du Maire.

Nul individu ne sera introduit dans la salle avant l'ouverture des portes.

Il est interdit aux acteurs de rien ajouter ou retrancher de leurs rôles.

Ils ne pourront se refuser à jouer, à moins d'empêchement légitime.

L'entrée de la scène et des coulisses est formellement interdite au public.

Le débit de vins et liqueurs, les jeux de cartes et autres sont interdits.

Aucun spectacle de curiosité ne pourra être établi sans l'autorisation de la Mairie (Arr. 4 juin 1841).

Toute manifestation bruyante d'approbation ou d'improbation est interdite pendant les trois débuts de chaque artiste paraissant pour la première fois sur les théâtres de Bordeaux.

Ces manifestations ne pourront avoir lieu qu'après la chute du rideau et après le troisième début.

Ne seront tolérés pendant le lever du rideau que les témoignages d'approbation qui seraient le résultat spontané de la satisfaction du public et qui ne seraient pas de nature à interrompre les acteurs en scène.

Après le troisième début, le rideau sera relevé et le régisseur annoncera aux spectateurs qu'ils sont invités à se prononcer pour l'admission ou l'exclusion du débutant qu'il nommera.

Il en sera de même après la première épreuve pour l'acteur ou l'actrice rentrant.

M. le Commissaire de service constatera dans quelle proportion auront eu lieu les témoignages d'approbation ou d'improbation et en proclamera le résultat (Arr. 19 novembre 1846).

Cirque, Casino. — A chaque représentation du cirque, les voitures tiendront la file, entreront par la rue Judaïque et sortiront par la rue Pont-Long.

Elles ne devront point stationner devant la porte du Cirque (Arr. 26 juillet 1843).

Chaque fois que la salle du Casino sera ouverte au public, le directeur fera placer à l'extérieur une garde suffisante pour le maintien de l'ordre.

Les voitures entreront par le cours de Tourny.

A la sortie, elles entreront par la rue du Palais-Gallien,

Elles ne pourront stationner devant la porte (Arr. 29 mars 1838).

Nul ne peut entrer au Cirque que par les portes affectées au public, s'il n'est écuyer ou employé.

Pendant la représentation, les portes de communication de la salle aux appartements, aux foyers, aux loges et aux écuries seront fermées.

A la fin du spectacle, toutes les portes seront ouvertes.

Il ne pourra être distribué dans les bureaux que le nombre de billets égal à celui porté sur l'état qui aura été fourni au directeur ou entrepreneur.

Les bureaux ne pourront être ouverts avant que les portes d'entrée du Cirque l'aient été, et celles-ci ne le seront qu'après l'arrivée de la garde.

Les dimanches et fêtes, et les jours de représentation extraordinaire, des barrières seront placées devant les bureaux.

Il est défendu aux buralistes de donner plus de quatre billets au même individu.

Il est défendu aux spectateurs d'avoir le chapeau sur la tête pendant les représentations.

Les spectateurs ne devront point traverser l'arène, soit avant, soit pendant la représentation.

Il est interdit de fumer dans la salle ou dans les dépendances du Cirque.

Il sera établi un vestiaire à la porte.

Toutes les dispositions des arrêtés relatifs aux théâtres sont communes aux Cirque et Casino (Arr. du 8 octobre 1836).

Ordonnance du Roi 29 mars 1785. — Lois des 9-17 juin 1790 (*Maintien des anciennes ordonnances*); 16-24 août 1790 (*Police attribuée à l'autorité municipale*); 13-19 janvier 1791 (*Liberté des théâtres*); lois des 19-22 juillet 1791; 12-14-16 janvier 1793 (*Censure, suspension*); 1er septembre 1793.—Arrêté du 25 pluviôse an IV (*Police des spectacles*); 8 thermidor an V, 28 pluviôse an VIII.—Loi du 7 frimaire an VII (*Prélèvement pour les pauvres*).— Arrêté du 1er germinal an VII (*Mesures contre l'incendie*); 17 frimaire an XIV (*Police des théâtres*); 428-429 Code pénal (*Délits et peines*). — Règlement du 30 août 1814 (*Police des théâtres des départements*). — Ordonnance du 8 décembre 1824 (*Organisation des théâtres dans les départements*). — Ordonnance 15 mars 1831 (*Direction des troupes*). — Lois du 9 septembre 1835 (*Autorisation, Suspension*); du 18 juillet 1837.

Voir encore les décrets du 21 frimaire an IV, 9 décembre 1809. —Arrêté du gouvernement du 10 thermidor an XI.—Ordonnance de police des 4 mai 1790, 1er frimaire an IX, 14 floréal an X.

Arrêtés du Maire des 4 juin 1841, 9 mai 1844, 19 novembre 1846.

Cirque, Casino.—Ordonnance des jurats du 5 avril 1781.— Lois des 22 juillet 1791, 3 brumaire an IV, 16-24 août 1790, 13 janvier, 10 juillet 1792.

Ordonnance du Roi du 29 mars 1735; Ordonnances de police 4 mai 1790, 1er frimaire an IX, 14 floréal an X. — Arrêtés des 9 juin 1806, 7 novembre 1808, 22 juillet et 24 septembre 1814, 12 août 1817, 17 avril 1826, 13 octobre 1832. — Loi du 9 septembre 1835.

Arrêté du Préfet du 7 juin 1836.

Arrêtés du Maire 18 octobre 1836, 29 mars 1838, 26 juillet 1843.

L'ouverture d'un théâtre quelconque, sans autorisation, est une infraction que le décret du 13 août 1811 punit de deux à six mois de prison et d'une amende de 100 à 1000 fr., avec clôture du théâtre. (Cass. 3-24 janvier 1834.—Inst. crim. art. 1012, 1341, 1507 : S. 32. 2. 524).

Les directeurs de théâtres sont tenus, sous peine de dommages-intérêts, de donner des places aux personnes porteurs de billets délivrés d'avance. (Tribunal de commerce de Paris).

L'autorisation accordée au propriétaire d'une salle de spectacle, de louer cette salle pour les représentations nationales, ne dispense pas le locataire de l'obligation d'obtenir de l'autorité compétente l'autorisation spéciale pour le genre de spectacle qu'il veut établir et pour les pièces qui doivent être représentées chaque jour. (Décret 8 juin 1806 : S. 34. 2. 31).

Les pièces de théâtre représentées à Paris avant la loi de 1835 peuvent l'être aujourd'hui dans les départements sans autorisation des Préfets, lorsque d'ailleurs ces pièces ne sont pas au nombre de celles dont la représentation a été interdite depuis la promulgation de cette loi. (S. 38. 1. 330).

Les décrets, ordonnances et règlements qui ont attribué à l'autorité municipale le droit d'autoriser ou défendre les spectacles publics, conservent toute leur force, même depuis la charte de 1830.

Loi 16 août 1790, tit. 2, art. 3, 4. Loi 25 pluviôse an IV.—Décret 8 juin 1806, art. 8 et 15.

FIN DE LA PREMIÈRE PARTIE.

www.ingramcontent.com/pod-product-compliance
Lightning Source LLC
Chambersburg PA
CBHW050609210326
41521CB00008B/1171